사향고양이의 눈물을 마시다

동물권리선언 시리즈 7

사향고양이의 눈물을 마시다

이형주 글

나의 선택이
세계 동물에게
미치는 영향

책공장더불어

　대여섯 살 때였을 것이다. 태어나서 처음 가 본 동물원이라는 곳에서 나는 엄마의 손에 이끌려 낙타의 등에 타는 줄에 서 있었다. 어른들의 등 너머로 본 낙타의 눈은 크고 아름다웠지만 피곤해 보였다. 낙타의 얼굴에 걸린 줄의 한쪽 끝을 젊은 남자가 잡고 있었다. 남자가 나를 낙타 등에 올려 주자 낙타는 나를 태운 채 그리 넓지 않은 흙바닥을 터덜터덜 걸었다. 길게 줄을 지어 자기 차례를 기다리는 아이들을 보며 낙타의 등에 앉은 나는 낙타에게 미안한 생각이 들었다.

　그림책에서 본 낙타는 쨍쨍한 햇볕 아래서 머리에 흰 수건을 쓴 사람을 태우고 끝도 없이 이어진 사막을 걷는 동물이었다. 그런 낙타가 코뚜레 줄에 이끌려 좁은 원 안을 하루 종일 걷고 싶지는 않을 것 같았다. 눈이 예쁜 낙타와 철창 안에 갇혀 있는 동물들을 뒤로 하고 집으로 향하는 발걸음이 왠지 모르게 무거웠다. 다만 그때

는 그 감정이 내가 어른이 되어서도 수백, 수천 번 느낄 감정이라는 사실을 몰랐다. 철창 안의 동물이 어떤 고통을 겪는지, 조금 더 나은 삶을 살게 해 주려면 무엇이 바뀌어야 하는지에 대해 알리는 일을 하는 지금의 내게도 동물원은 여전히 가장 마음이 불편한 장소 중 하나다.

동물학대는 여러 가지 원인으로 인해 다양한 형태로 나타난다. 먼저 동물에게 고통을 줄 목적으로 폭력을 가하는 행위가 있다. 이는 명백한 동물학대 행위다. 문화권에 따라 차이가 있지만 대부분의 나라에서 이런 행위는 법적 처벌 대상이다. 선진국일수록 신체적 고통뿐 아니라 정신적 고통을 주는 행위도 동물학대로 규정하는 경우가 많다. 또한 동물에게 고통을 주려는 의도는 없지만 별다른 조치를 취하지 않고 방치하여 동물에게 고통을 주는 결과를 불러온 경우에도 동물학대로 보는 시각이 지배적이다.

반면 동물을 이용하는 산업에서 발생하는 동물학대가 있다. 그 대표적인 예가 축산업이다. 사람이 먹기 위해 동물이 도살의 대상이 된다는 사실은 차치하자. 그렇다고 하더라도 최소의 비용으로 최대의 이윤을 내야 하는 경제의 원리에 따라 더 빨리, 더 많은 양의 고기를 얻기 위한 공장식 축산 시스템 안에서 길러지는 동물들은 몸을 움직일 수 있는 자유를 속박당하고, 생태적 습성은 철저히 무시된 환경에서 살아야 한다.

꼭 음식이 아니라도 소비재로 쓰이는 거의 모든 동물의 처지는 농장동물과 별반 다르지 않다. 게다가 현대사회에서는 산업에 이용되는 동물의 종류와 수, 이용되는 범위가 점점 늘어나고 있다. 우리가 일상에서 입고, 신고, 쓰고, 기르고, 타고, 구경하고, 실험대상으로 이용되는 동물들. 그뿐 아니다. 동물을 직접 이용하지 않더라도, 인구의 증가와 과도한 개발, 환경오염으로 인해 동물의 서식지가 사라지고 먹을 것이 줄어들고 있다.

우리가 소비하는 동물은 동물 고유의 모습을 잃은 경우가 많다. 포장된 식품으로, 옷과 신발로, 장식품으로, 약재로. '물건'의 모습

을 한 동물을 우리는 한때 숨이 붙어 있었던 존재라고 인식하지 못한다. 상품에 붙은 라벨에는 그 성분이나 생산지, 유통기한은 표기되어 있을지 몰라도, 이 상품이 생산되는 과정 동안 수반된 동물학대에 대해서는 적혀 있지 않다.

구경거리로 사용되는 동물도 마찬가지다. 동물이 가족과 분리되고, 좁은 공간에 갇히고, 자신의 의지와는 상관없는 행동을 강요당하면서 겪는 고초는 화려한 시설과 기분 좋은 음악, 알록달록한 의상에 가려진다. 다른 나라나 문화권에서 오랜 시간 동안 관습적으로 행해진 동물학대는 그 나라의 전통으로 포장되기 일쑤고, 오히려 존중해야 할 대상으로 오해하기 쉽다.

심지어 동물복지의식이 성장하면서 소비자의 죄책감을 덜어 주기 위한 사기성 다분한 마케팅도 등장했다. 동물을 희생시키지 않는 인도적인 방법으로 생산되었다고 주장하거나, 발생하는 수익을 동물의 처우를 개선하고 야생동물을 보전하는 데 사용한다고 하는 허위광고가 그것이다. 그래서 자칫하다가는 동물을 사랑하는 사람도 본의 아니게 동물학대에 간접적으로 가담하게 되는 일이 다반사다.

우리 생활은 선택의 연속이다. 하루에도 몇 번씩, 무엇을 입고, 먹고, 구입할 것인지, 즐거움을 찾기 위해 무엇을 할 것인지를 결정하게 된다. 이 책은 우리가 일상생활에서 하는 선택이 동물과 생태계에 얼마나 큰 영향을 미치는지 알리고자 하는 데 목적이 있다. 아는 만큼 보인다고 했던가. 알면 알수록, 동물을 착취하는 산업이 눈에 띄고, 그만큼 동물에게 고통을 주지 않는 인도적인 삶을 사는 일은 더 어렵게만 느껴질지도 모른다.

　나 역시 매일 고민에 맞닥뜨리는 일상을 사는 사람 중 하나다. 그러나 좌절할 필요는 없다. 열 번의 선택 중 단 한 번이라도 저렴한 가격이나 당장의 편리함 같은 유혹을 누르고 동물과 환경을 위한 선택을 하는 것은 상상 이상으로 큰 의미가 있다. 완벽한 삶을 사는 한 사람보다, 완벽하지 않더라도 계속해서 시도하는 삶을 사는 여러 사람이 세상을 바꿀 수 있다고 믿기 때문이다.

　인간에게 사용되면서 비참한 고통을 겪는 동물의 이야기를 접한 사람들이 그 안타까운 마음을 '다음 세상에는 꼭 사람으로 태어나라'라는 말로 표현하는 것을 많이 듣는다. 그러나 나는 그렇게 생각하지 않는다. 나는 그들이 적어도 한 번은 같은 동물로 태어났으면 좋겠다. 청개구리부터 코끼리까지, 그 모습과 습성이 놀랍지 않은 동물은 세상에 단 한 종도 없다. 어떤 동물이든, 적어도 한 번은 좁은 사육장이나 쇠창살 안이 아닌 그들의 서식지에서 태어나 걷고, 뛰고, 땅을 파고, 헤엄을 치고, 나무를 타고, 좋아하는 먹이를 찾아 먹고, 사냥을 하고, 짝을 짓고, 새끼를 낳아 기르는 삶을 살아볼 수 있기를. 겨울이면 긴 겨울잠을 자기도 하고, 계절이 바뀌면 무리를 지어 먼 여행을 떠나기도 하는, '동물'로서의 삶을 누릴 수 있기를 빌어 본다.

동물이 겪는 고통이 안타깝고 미안하게 느껴진다면 우리가 해야 할 일은 그들이 사람으로 태어나지 않았음을 탄식하는 것이 아니라 사람으로 태어나지 않은 동물은 무조건 이용당하고 함부로 다루어지는 세상을 바꾸는 일이다. 동물들이 자신의 자리에서 제 고유의 모습을 유지하고 사는 세상. 물건이 아닌 감정을 가진 주체로 존중받는 세상을 만드는 것이 우리가 동물에게 진 빚을 갚고, 앞으로 미안해지지 않을 수 있는 유일한 길일 것이다.

차 례

1
비열한 사냥꾼의 먹잇감으로
길러지는 사자

맹수를 가둬서 사냥하는 통조림 사냥

짐바브웨 국민 사자 '세실'의 죽음

2015년 여름, 눈을 감은 아름다운 사자와 그 위에서 하얀 이를 드러내며 웃는 백인 남자의 모습이 담긴 사진이 전 세계를 분노로 들끓게 했다. 짐바브웨 국민들이 사랑한 사자 '세실'은 황게국립공원에서 미국인 치과의사 월터 파머의 손에 잔인하게 참수 당했다.

그나마 불행 중 다행으로 세실의 죽음은 헛되지 않았다. 세실의 죽음을 계기로 비싼 돈을 지불하고 아프리카로 가서 야생동물을 사냥하고 머리 등 동물의 일부나 전부를 전리품으로 가져오는 '트로피 사냥 Trophy hunting'에 대한 비난 여론이 높아졌기 때문이다. 세계 곳곳에서 많은 사람들이 잔인하고 탐욕스러운 트로피 사냥의 중단을 요구했고, 일부 항공사는 아프리카에서 사냥한 동물의 전리품을 운송하지 않겠

2013년 황게국립공원에서 촬영한 세실. 세실을 잔인하게 참수한 치과의사 월터 파머는 처벌받지 않았다. ©연합뉴스

다고 선언하기도 했다.

흔히 생각하기에 아프리카의 동물은 항상 넓은 초원을 누비며 야생동물로서 최상의 삶을 살 것 같지만 현실은 그렇지 않다. 가난한 아프리카 국가에서는 야생동물도 돈 있는 외국인에게 파는 장삿거리가 된다. 아프리카 중서부에서 행해지는 트로피 사냥이 돈을 지불하고 정해진 구역 내에 서식하는 야생동물을 사냥하는 것이라면, 남아프리카공화국에서는 '캔드 헌팅Canned hunting,' 즉 우리말로 번역하면 '통조림 사냥'이라는 형태로도 운영되고 있다.

통조림 사냥? 얼핏 들으면 동물을 사냥한 후 고기로 통조림을 만드는 것인가 하는 생각이 들지도 모른다. 그러나 내용을 알면 인간의 잔혹함과 치졸함에 놀라게 된다. 통조림 사냥은 농장 같은 사육시설에서 사냥감으로 사자를 번식시켜서 기른 후, 쉽게 사냥 하기 위해 '통조림'처럼 펜스를 쳐서 막아 놓은 좁은 공간에 풀어놓고는 총이나 활로 쏘아 죽이는 사냥이다.

넓은 지역 안에서 자유롭게 돌아다니는 야생동물을 찾아다니면서 하는 사냥은 사냥에 성공할 가능성이 51~96퍼센트인 데 비해 좁은 공간에 동물을 가둬 놓고 사냥하는 통조림 사냥은 동물을 쏘아 맞힐 확률이 99퍼센트 보장된다. 또한 야생동물을 찾아다니면서 하는 사냥은 동물을 발견해 쏘아 죽이는 데 2~3주가 걸리는 데 비해 통조림 사냥은 몇 시간, 길어도 2~3일이면 쉽게 사냥에 성공할 수 있다.

통조림 사냥에 사용하는 사자는 오직 사냥감으로 쓰기 위해 케이지 안에서 태어나 사람 손에서 길러진다. 그러다 보니 사자는 야생 사자와는 달리 위험을 감지하는 법도, 위험을 피해 도망가는 법도 모른다.

오히려 사람을 보면 먹을 것을 주지 않을까 기대하며 근처에서 어슬 렁거리기도 한다. 심지어 사냥터에 풀어놓기 전에 마취를 하거나 진정 제를 투여하기도 한다. 사냥 성공률을 높이기 위해서다. 약에 취해 비 몽사몽한 상태의 사자에게 사냥꾼은 총구를 겨눈다. 갑작스러운 공격 에 놀란 사자는 그제서야 달려보지만 더 많은 총탄 세례가 쏟아질 뿐 이다. 밀림의 왕자 사자는 궁지에 몰린 쥐처럼 총알받이가 되고, 결국 피를 쏟으며 죽는다. 남아프리카공화국에서는 사자를 활로 사냥하는 것도 허락하고 있는데 활을 사용할 경우 사자는 활을 맞는 순간부터 죽는 순간까지 더 오랜 시간 죽음의 고통에 시달린다.

제대로 한 번 피해 보지도 못하고 맥없이 쓰러져 죽은 사자를 보면 서 사냥꾼들은 완벽한 사냥이었다며 '퍼펙트 샷Perfect shot!'을 외친다. 그리고는 마치 자기들의 사냥 실력이 뛰어나 힘센 맹수를 죽인 양 희 열에 휩싸인 채 죽어 쓰러진 사자의 몸 위에서 축배의 잔을 들고 기념 사진을 찍는다. 집에 돌아가서 많은 사람들에게 자신의 용맹함을 과시 하기 위해 사자의 머리를 잘라 가방에 챙겨가는 것도 잊지 않는다.

이렇게 사자 한 마리의 목숨을 빼앗는 데 드는 비용은 8,000~5만 달러 정도다. 보통 수컷 사자는 2만 달러 이상, 암컷 사자는 1만 달러 정도의 가격으로 사냥할 수 있다. 여기에는 사자의 목숨 값으로 지불 하는 돈 외에 사냥 허가증, 숙박, 식사, 사냥을 안내하는 가이드, 운전 기사를 포함한 차량 이용, 박제하기 좋게 사자의 머리를 사체에서 떼 어내 가공하고 박제업체에 운반하는 비용 등이 포함되어 있다. 총기, 활 같은 사냥 도구와 박제하는 비용, 박제된 전리품을 자기 나라로 운 송하는 비용, 사냥 중에 추가로 다른 동물을 죽이는 비용 등은 제외한

세계야생동물보호기금이 촬영한 남아프리카공화국 사자 농장의 수컷 사자. 사람의 손에 길러진 사자는 총알의 위험을 피해 달아나는 법을 모른다. ⓒ연합뉴스

가격이다. 비싼 가격이지만 야생 사자를 사냥하는 것보다 가격이 절반 정도로 저렴하다. 통조림 사냥을 위해 사육된 사자는 야생동물로 분류되지 않기 때문에 야생 사자를 사냥할 때 남아프리카공화국 정부에 내야 하는 비용을 지불하지 않아도 되기 때문이다. 짧은 시간에 사냥을 해서 사자 전리품을 얻을 수 있다는 점과 다른 아프리카 국가에 비해 국제 항공편이 많이 운행된다는 점도 사냥꾼들이 남아프리카공화국의 통조림 사냥을 찾는 이유다.

야생동물 보호시설이라며 거짓말하는 정부와 농장

남아프리카공화국 정부의 자료와 세계야생동물보호기금International Fund for Animal Welfare, IFAW의 보고를 종합하면 남아프리카공화국에는 약 200개의 사자 농장에서 6,000~8,000마리의 사자가 사육되고 있다. 남아프리카공화국 야생에 서식하는 사자 2,300마리의 몇 배가 되는 숫자다. 이렇게 농장에서 길러진 사자들은 1년에 800~1,000마리가 사냥꾼의 총구에 목숨을 잃고 있다.

농장에서 태어난 사자는 성체가 되는 4살 정도에 사냥터로 옮겨져 사냥감으로 쓰인다. 사냥꾼들은 통조림 사냥을 하러 농장을 방문하기 전에 농장에서 전자우편으로 보낸 사자의 사진을 보고 어떤 사자를 죽일지 선택할 수 있는데 전리품으로 만들었을 때 멋진, 덩치가 크고 갈기가 아름다운 수컷 사자가 인기가 높다.

사냥을 즐기러 오는 사람들은 대부분 미국인이다. 세계야생동물보호기금에 따르면 2014년 남아프리카공화국에서 반출된 사자 전리품 363점 중 85퍼센트는 미국으로 이송되었다. 나머지는 폴란드, 스페인, 체코 등 유럽 국가로 반출되었다. CITESConvention on International Trade in Endangered Species of Wild Flora and Fauna(멸종위기에 처한 야생동·식물종의 국제거래에 관한 협약)에 따르면 2010년부터 2014년까지 5년 동안 미국 사냥꾼들은 남아프리카공화국으로부터 2,582점의 사자 전리품을 들여왔는데 이는 남아프리카공화국 전체 동물 전리품 수출 물량의 55퍼센트에 이른다.

기가 막히게도 통조림 사냥에 사용되는 사자를 사육하는 농장 중에는 사자체험 프로그램을 운영하는 곳도 있다. 이 프로그램을 통해 농장을 방문한 관광객들은 갓 태어난 아기 사자들을 만지고 젖병을 물리고 안고서 기념사진을 찍을 수 있다. 관광객들은 마치 집에서 기르는 고양이를 어르듯 사자를 품에 안고서 좋아한다. 또한 6개월 정도 된 사자들을 데리고 강아지처럼 산책을 시킬 수도 있다.

농장주들은 관광객에게 이곳은 고아가 된 사자를 보호하는 시설이며, 다시 야생으로 돌려보낼 것이라고 말한다. 심지어 보호시설이라며 후원금까지 받는다. 그러나 이는 모두 거짓말이다. 사자, 호랑이 같은 상위 포식자는 사육시설에서 태어나 야생에 방사될 경우 생존할 확률이 거의 없다.

이처럼 동물학대산업인 통조림 사냥에 대해 농장주와 사냥꾼들은 자신들이 교육과 보전의 역할을 한다고 주장한다. 남아프리카공화국 사냥산업의 이익을 대변하는 단체인 남아프리카공화국포식동물연합 South African Predator Association은 농장에서 사육된 사자 한 마리가 사냥 될 때마다 야생의 사자 한 마리가 산다고 광고한다. 자신들이 기른 사자가 사냥을 당한 덕분에 야생 사자 한 마리가 사냥을 당하지 않았으니 결국 야생을 보전한다는 논리다.

남아프리카공화국 환경부도 공식 홈페이지를 통해 야생 사자, 야생이지만 정부에 의해 관리되는 일반적인 사냥에 사용되는 사자, 통조림 사냥을 위해 농장에서 사육되는 사자는 생태계에서 각자의 역할이 있다고 주장한다. 즉, 사냥으로 벌어들이는 돈으로 야생 생태계를 보호한다는 것이다.

그러나 이는 사실이 아니다. 《내셔널 지오그래픽National Geographic》에 따르면 농장에서 사육되는 사자는 1999년 800~1,000마리였는데 2015년에 8,000마리로 무려 열 배 가까이 증가했다. 하지만 사냥으로 목숨을 잃는 야생 사자의 개체 수는 줄어들지 않았다. 오히려 전리품를 만들고 남은 사자 뼈, 가죽 등이 중국, 베트남, 라오스로 팔려가면서 아시아의 소비시장이 커져 사자 사냥의 수요를 늘리는 현상이 일어나고 있다.

또한 사냥꾼과 남아프리카공화국 정부는 농장에서 번식한 사자의 수가 늘었으니 멸종위기종을 보호한 것이 아니냐고 주장한다. 하지만 인간의 취미생활을 위해 농장에서 태어나 사람의 손에 의해 길러지는 수만 마리의 사자는 멸종위기종 보전이나 생태계 회복과는 거리가 멀다.

통조림 사냥에 대한 반대 여론이 높아지자 남아프리카공화국 환경부 장관은 2007년 사육된 사자는 사냥감으로 사용되기 전 최소 2년동안 야생에 풀어서 키워야 한다는 정책을 발표했다. 그러나 사자 번식업자들의 반대로 고등법원에서 '정책이 합리적이지 않다'는 판결을 받고 무산되었다.

아프리카 사자 수입에 빗장 거는 나라들

현재 아프리카에서 나라에서 허가를 해 줘서 공식적으로 사자 통조림 사냥이 이루어지는 곳은 남아프리카공화국 한 곳이다. 세계야생동물보호기금의 2014년 보고서에 따르면 2004년부터 2014년까지 전 세계에서 거래된 사육동물captive animal 전리품 8,000여 점 중 거의 대부분인 7,663점이 남아프리카공화국에서 수출되었는데 이중 5,253점이 사자였다. 짐바브웨, 탄자니아, 모잠비크, 잠비아에서는 야생 사자의 사냥을 허용하고 있다.

사자는 아니지만 미국에서도 상업적인 목적의 통조림 사냥이 존재한다. 미국 동물보호단체 휴메인소사이어티Humane Society에 따르면 미국에는 사슴, 무플론, 들소 등의 동물을 키워서 인간의 사냥에 먹잇감으로 제공하는 '사냥 게임 농장Game ranch'이 1,000곳 정도 운영되고 있는 것으로 나타났다.

아프리카 국가들은 사냥으로 벌어들이는 외화와 세금이 국가의 중요한 재원이며 지역경제를 유지하기 위해 꼭 필요하다고 주장한다. 그러나 2013년《이코노미스트 엣 라지Economists at Large》에 발표된 연구에 따르면 2011년 남아프리카공화국의 경우 국내총생산 중에서 관광산업 수익은 2.3퍼센트에 지나지 않으며, 특히 사냥 관광으로 벌어들인 수익은 1.2퍼센트밖에 되지 않았다.

아프리카 전체를 놓고 보더라도 관광산업 중 사냥이 차지하는 부분은 2퍼센트가 채 되지 않는다. 아프리카를 방문하는 관광객은 대부분 사냥보다는 동물을 관찰하고 사진을 찍기 위해 여행한다. 2013년부터 트로피 사냥을 금지한 보츠와나의 경우 그 해에 생태관광으로 3억 4,000달러의 수입을 올렸다. 아프리카의 야생동물 사냥 수익에 대한 공식적인 보고는 2006년 과학전문지인《생물학적 보전the Biological Conversation》에 게재된 연구가 유일한데, 이에 따르면 2006년에 보츠와나는 사냥산업으로 2,000만 달러의 수익을 올렸고, 1,000명에게 일자리를 제공했다. 그러나 2014년 세계여행관광협회World Travel and Tourism Council의 집계에 따르면 보츠와나에서 자연경관을 관광하고 야생동물을 촬영하는 생태관광은 1년에 15억 달러의 수익을 얻었고, 보츠와나 전체 고용률의 10퍼센트를 차지하는 6만 9,500개의 일자리를 창출했다.

세실의 죽음 이후 점점 많은 국가에서 트로피 사냥을 감소시키기 위해 사냥 전리품을 반입하는 규정을 강화하는 추세다. 호주는 2015년 3월 사자의 몸 일부를 전리품으로 반입하는 것을 법으로 금지하면서 통조림 사냥을 '잔인하고 야만적인 행위'로 규정하고, 단지 '목숨을 빼앗는' 단 한 가지 목적을 위해 사자를 기르고, 약물에 중독시키고, 미끼로 쓰는 것은 현 시대의 기준으로 '용납할 수 없다unacceptable'는 강경한 입장을 밝혔다. 2015년 11월 프랑스 환경부 장관은 유럽연합 회원국으로서는 처음으로 사자의 머리, 발바닥, 가죽을 전리품으로 반입하는 것을 금지할 것임을 밝혔다. 2016년 4월 네덜란드 정부는 사자뿐 아니라 흰코뿔소, 코끼리, 하마, 치타, 북극곰을 포함한 동물 200종의 전리품 수입을 금지했다.

현재 유럽연합은 각 국가의 정부가 사냥 전리품에 대한 수입 허가증 발급 여부를 결정하도록 하고 있다. 노동당 소속 유럽연합위원 니나 질은 2016년 1월 유럽연합 회원국이 모든 사냥 전리품의 반입 금지 규정을 강화하는 내용의 선언문을 발의해 134명의 유럽연합위원의 지지를 받았다. 2016년 5월 유럽연합은 CITES에 멸종위기종으로 등재된 동물을 사냥 전리품으로 수입하는 규정을 강화하는 법안을 발의했다.

세실이 죽은 해인 2015년 12월 미국어류및야생동식물보호국u.s. Fisheries and Wildlife Service은 〈멸종위기종 보호법〉 개정을 통해 아프리카 중부와 서부의 사자를 '심각한 위기종'으로 분류해 수입을 금지했다. 반면 아프리카 남부의 사자는 '위기종'으로 분류했다. 그러나 사냥한 국가에서 사냥으로 인한 수익을 야생 사자 보전에 사용한다는 사실을 증명하면 사자 전리품을 들여올 수 있어서 남아프리카공화국의 통조림 사냥을 근절하지 못한다는 허점이 있었다. 2016년 10월 미국어류및야생동식물보호국은 남아프리카공화국 사육 사자의 트로피 수입을 전면 금지한다고 발표했다. 사자를 농장에서 사육하고 사냥하는 통조

림 사냥이 야생 사자 보전과는 전혀 관계가 없다는 결론에 따른 결정
이었다. 통조림 사냥의 주 고객이 미국인임을 감안할 때 미국 정부의
결정은 남아프리카공화국 통조림 사냥에 제동을 걸 것으로 기대된다.

먼 곳의 이야기가 아닌 우리의 이야기

트로피 사냥이 먼 아프리카 땅에서 벌어지는, 우리와는 상관없는 일
로 들릴 수 있을 것이다. 그러나 우리에게도 트로피 사냥과 관련된 아
픈 과거가 있다. 바로 이 땅에서 멸종된 한국호랑이다. 국토의 70퍼센
트가 산인 우리나라에는 조선시대까지만 해도 민가에 나타나는 호랑
이가 퇴치 대상으로 여겨질 만큼 많이 분포했다. 그러나 한반도에서
는 이제 호랑이를 찾아볼 수 없다. 1921년 경주 대덕산에서 사살된 호
랑이를 끝으로 목격되지 않았고, 1996년 환경부가 공식적으로 멸종한
것으로 발표했다.

호랑이 말살을 주도한 것은 해수구제정책을 펼친 일제였지만, 서구
의 사냥꾼도 사냥을 위해 모여들었다. 시어도어 루즈벨트 미국 대통령
은 사냥에 남다른 애정을 보였던 것으로 유명한데 그의 아들인 커미
트 루즈벨트는 1920년대 호랑이 사냥을 위해 조선을 방문했다. 이외
에도 1902년 미국의 윌리엄 로드 스미스 박사라는 사냥꾼이 목포 근
처에서 호랑이 세 마리를 사살했고, 1920년대 프랭크 A. 스미스라는
미국 사냥꾼은 1905년부터 1929년까지 1년에 한 마리꼴로 한국호랑
이를 사냥했다고 주장했다.

남의 땅에까지 와서 야생동물을 무자비하게 학살하면서 자신들의
위상을 과시하려 한 이들이 없었다면 지금 한국호랑이가 전설로만 남

아 있지는 않았을 것이다. 아프리카사자도 한국호랑이처럼 언젠가 자취를 감출지 모른다. 인간의 오락을 위해 사냥에 이용되는 아프리카사자 소식이 좀처럼 남의 이야기처럼 들리지 않는 이유다.

2016년 9월 남아프리카공화국 요하네스버그에서는 CITES의 17번째 회의가 개최되었다. 이 회의에서 아프리카 사자의 등급을 허가를 받으면 국제거래가 가능한 부속서 2에서 상업적 국제거래가 불가능한 부속서 1로 상향조정하자는 의견은 받아들여지지 않았다. 따라서 아직도 허가만 받으면 사자의 머리부터 가죽, 이빨, 뼈, 발톱까지 수출입이 가능하다. 100년 전에는 20만 마리에 달하던 아프리카사자의 수가 이제 2만 마리가 채 남지 않는데도 사자 보호를 위한 국제적 노력은 미흡한 실정이다.

밀림에서 휘날리는 수사자의 갈기는 용맹스럽고 아름답다. 그러나 그것을 탐하는 사람의 마음은 참으로 보잘것없고 초라하다.

2
'흰 고릴라'와 '분홍 돌고래'의
불행했던 삶

색소가 없어 하얀 알비노 동물의 신비한 모습 뒤의 비애

알비노는 생존율이 낮은 돌연변이다

2015년 지리산에서 국내 처음으로 몸색깔이 하얀 알비노albino 오소리가 발견되어 화제였다. 국립공원관리공단은 지리산국립공원에서 발견된 흰 오소리의 영상을 공개하며, 알비노 동물을 관찰하기 위해 무인 카메라 수도 늘릴 계획이라고 발표했다. 언론도 홍도에서 목격된 흰 갈매기 등 알비노 동물의 사례를 들며 예로부터 흰색 동물은 상서로운 징조라고 반가워했다.

이 같은 백색증albinism 혹은 선천적 색소결핍증이라고 불리는 알비노 현상은 몸에서 멜라닌 합성이 결핍되는 유전자 변이 때문에 발생한다. 알비노 유전자가 동형접합되면 타이로시나아제가 생성되지 않으므로 색소가 나타나지 않는다. 그래서 피부나 털이 흰색을 띠게 되고, 눈은 홍채에 멜라닌 색소가 없어 망막의 혈관이 비쳐 붉은빛을 띤다. 알비노는 어류부터 뱀이나 악어 같은 파충류, 조류, 고슴도치, 개, 고양이, 호랑이, 인간까지 다양한 유색동물에게서 나타난다. 가장 흔히 볼 수 있는 알비노 동물은 동물실험에 쓰이는 흰쥐, 흰토끼 등이다.

사람들에게는 눈처럼 하얀 털과 보석 같은 붉은 눈이 신비롭고 아름답게 보일 수도 있지만 사실 알비노 동물들의 삶은 그리 순탄치 않다. 무리와 다른 생김새 때문에 태어나자마자 어미가 잘 돌보지 않거나 물어 죽이기도 하고, 같은 무리 안에서도 따돌림 당하기 일쑤다. 생존율도 매우 낮다. 하얀 색깔 때문에 쉽게 천적의 눈에 띄기 때문이다. 또한 멜라닌 색소가 없어서 자외선에 취약해 햇볕에 의한 화상이나 종양, 피부암 등 각종 피부질환에 걸리기도 쉽다. 특히 종을 불문하고 알비노 동물에게 가장 흔하게 나타나는 유전적 결함은 시력장애다. 홍채에 색소가 없기 때문에 선천적으로 시력이 약하고 햇빛이 강할 때 활동하는 데 어려움을 겪는다.

그런데 동물원은 알비노 동물이 야생에서의 생존율이 낮은 것을 알비노 동물을 전시하는 근거로 사용한다. 희귀성으로 사람들의 주목을 받기 때문에 일부러 근친교배로 알비노 동물을 번식시키기도 한다. 하지만 알비노 돌연변이체는 열성인자이기 때문에 부모 모두 가지고 있는 경우에만 자식에게 그 성질을 물려줄 수 있는데, 돌연변이 유전자를 갖고 있는 개체끼리의 근친교배는 알비노 외에도 다른 유전병을 대물림하는 원인이 된다.

세상에 하나뿐인 '흰 고릴라'의 불행했던 삶

역사적으로 가장 유명한 알비노 동물은 스노플레이크Snowflake, 우리 말로 눈송이라는 이름을 가진 흰 고릴라다. 서부로랜드고릴라 종인 스노플레이크는 아프리카 서부에 있는 나라 적도기니의 야생에 서식했다. 1966년 이곳의 원주민 베니토 마네는 흰색의 아기 고릴라를 포획하기 위해 고릴라 무리 전체를 사살했다. 그러고는 당시 적도기니에 머물고 있던 스페인인 영장류학자 조르디 사바테르 피에게 아기 고릴라를 팔았다. 고릴라에게 눈송이라는 이름을 붙여 준 것은 사바테르 피다. 그는 같은 해 고릴라를 바르셀로나동물원으로 이송했다.

동물원에 전시된 스노플레이크는 순식간에 스타가 되었다. 관람객과 언론은 세상에 단 하나뿐인 흰 고릴라를 보기 위해 몰려들었고, 《내셔널 지오그래픽》의 표지를 장식하기도 했다. 영화는 물론 시, 소설 등의 문학작품에도 등장했고, 죽은 후에는 애니메이션 영화까지 만들어졌다. 그러나 세상의 관심과 사랑에도 불구하고 그의 삶은 그리 행복하지 않았다.

흰 고릴라 스노플레이크의 삶은 불행했다. 사람들의 관심을 받았지만 각종 질환에 시달리다 안락사로 세상을 떠났다.

바르셀로나동물원에 따르면 스노플레이크는 알비노증 때문에 빛을 보면 눈이 과하게 부시는 광선공포증photophobia에 시달렸고, 이 때문에 1분에 눈을 20번 이상 깜빡거렸다. 2001년에는 알비노증에 의한 희귀 피부암 진단을 받아 점점 정상적인 행동이 불가능해졌고 고통이 심해지자 2003년 안락사가 결정되었다. 스노플레이크 나이 40살이었다. 야생에서는 25년 정도 사는 고릴라가 40살까지 천수를 누리며 세계인의 사랑을 받았으니 행복한 삶을 산 것이 아니냐고 생각하는 사람도 있겠지만 2살 때 눈앞에서 가족이 몰살당하는 것을 보고, 철장에 갇혀 40년 가까이 산 삶이 얼마나 행복했을까? 야생에서의 삶과 동물원에서의 삶, 둘 중 하나를 선택할 수 있었다면 스노플레이크는 과연 어느 쪽을 선택했을까?

세상을 울린 일본 다이지의 분홍 돌고래 '에인절'

잔혹한 돌고래 포획으로 유명한 일본 와카야마현 다이지에서도 알비노 돌고래는 가장 먼저 포획업자의 표적이 된다.

일본 다이지고래박물관에는 '에인절Angel'이라는 이름의 돌고래가 있다. 알비노 돌고래인 에인절은 다른 돌고래와 달리 몸이 연한 분홍빛이다. 이 분홍빛 돌고래는 2013년부터 다이지 바다에서 어미 돌고래 옆에 꼭 붙어 다니는 모습이 관찰되면서 알려지기 시작했는데 귀한 동물을 일본 돌고래 사냥꾼들이 그냥 놓아둘 리 없었다. 2014년 1월, 포획업자들은 돌고래 떼를 만으로 몰아넣는 배몰이 사냥으로 한 살도 안 된 알비노 돌고래를 산 채로 포획하는 데 성공했다. 이 과정에서 같은 무리에 있던 70여 마리의 돌고래가 살육되어 고깃덩어리가

다이지고래박물관에서 알비노 돌고래 에인절이 조련사에게 죽은 물고기를 받아 먹고 있다.
© DolphinProject.com

되었다. 아직 다 자라기도 전에 어미를 잃고 수족관에 갇힌 분홍빛 돌고래를 사람들은 천사Angel이라고 부르기 시작했다.

수많은 사람들이 어린 알비노 돌고래의 운명을 안타까워했고, 곳곳에서 에인절을 바다로 돌려 보내라는 서명운동과 시위가 벌어졌다. 돌핀프로젝트Dolphin Project 등 돌고래 보호단체들은 다이지고래박물관을 상대로 소송을 제기하기도 했다. 그러나 이런 노력에도 불구하고 아직도 에인절은 햇빛도 들지 않는 놀라울 정도로 좁은 수조에 다른 돌고래들과 2년째 수감 중이다.

나는 2013년 10월 다이지고래박물관을 찾았다. 에인절은 어둡고 협소한 수조 안에서 유독 하얗게 빛나 보였다. 돌연변이 알비노 유전자 때문에 사람들의 눈에 띄어 수족관에 갇힌 에인절은 어느새 사육사의 손짓에 맞춰 뛰어오르고 물고기를 받아 먹으려고 입을 벌리는 진정한 '돌연변이'가 되어 있었다.

그런데 2015년 돌고래 사냥철에 몸색깔이 하얀 큰코돌고래Risso's dolphin 두 마리가 더 포획되었다. 이 두 마리는 알비노와는 다른 루시즘leucism(백변증)으로 인해 흰색을 띤다. 루시즘은 몸속에서 색소가 전혀 생성되지 않는 알비노와는 달리 몸의 일부분에서만 색소가 나타나지 않는 현상이다.

이렇듯 알비노 돌고래와 루시즘 돌고래를 모두 소유한 다이지고래 박물관은 흰 돌고래들을 한꺼번에 대중에 선보이는 날을 '화이트데이'라고 부르면서 홍보에 열을 올리기도 했다.

에버랜드 백호 사파리 안내문에는 나와 있지 않은 백호의 진실

우리나라 동물원인 에버랜드의 백호 사파리에는 열 마리가 넘는 백호가 전시되고 있다. 사파리 앞에는 백호는 '태어날 확률이 1만분의 1밖에 되지 않는 희귀한 동물로, 사람을 해치는 나쁜 호랑이 백 마리를 잡아먹어야 백호가 된다는 전설 속의 동물'이라는 내용의 안내문이 붙어 있다. 태어날 확률이 1만분의 일이라는 점은 사실이다. 그러나 안내문에는 나와 있지 않은 백호의 진실이 있다.

백호라고 불리는 흰 호랑이는 알비노 현상이 아닌 루시즘 때문에 흰 털을 갖고 태어난다. 그런데 야생에서 희귀한 백호가 어떻게 자연의 법칙을 무시하고 에버랜드에서만 계속 태어나는 것일까? 호랑이 아종 중 백호가 나오는 아종은 벵골호랑이뿐이고, 야생에서 자연적으로 알비노 호랑이가 태어날 확률은 1만분의 1에 지나지 않는다. 즉, 벵

미국 플로리다 탐파에 위치한 빅캣레스큐 보호소에 살고 있는 백호 자부Zaubu. 서커스단에서 구조된 자부는 시베리아호랑이와 벵골호랑이의 혼종으로 윗입술이 이빨을 완전히 덮지 못하는 구강기형을 가지고 태어났다. ⓒ Big Cat Rescue

골호랑이 이외의 종에서 털색깔이 흰 호랑이는 순종이 아니다. 반면 동물원에서 사육되는 백호는 대부분 시베리아호랑이다. 즉, 벵골호랑이의 알비노 유전자를 가진 시베리아호랑이들끼리 대대로 근친교배를 시켜 태어난 것이다. 따라서 종보전의 가치도 없다.

털색깔을 하얗게 만드는 돌연변이 유전자는 다른 유전적 결함의 원인이 되기도 한다. 백호는 뇌의 잘못된 부분에 시신경을 연결해 사시로 태어나고, 지체장애이거나 우리가 흔히 '언청이'라 부르는 구개파열인 경우도 많다. 이외에도 내반족(기형으로 굽은 발), 척추측만증, 신장이상 등 내장기관의 결함 등의 질병이 대물림되는 경우가 많고, 불도그처럼 생긴 기형적 얼굴로 태어나기도 한다. 결함을 가지고 태어난 호랑이는 오래 살지 못하는데다가 비정상적으로 생긴 얼굴때문에 전시하기에도 적합하지 않다. 그래서 병으로 죽거나, 전시장 뒷방에 갇혀 햇볕 한 번 못 보는 천덕꾸러기 신세가 된다.

이러한 문제 때문에 2011년 6월 미국 동물원수족관협회AZA, Association of Zoos and Aquariums에서는 회원사들이 백호, 흰 사자, 킹치타 등 흰 큰고양잇과 동물을 번식하는 것을 금지했다. 미국 동물원수족관협회는 홈페이지에 금지의 이유를 '흰 호랑이, 사슴, 악어 등의 희귀한 색깔의 동물을 번식시키는 등 의도적인 번식으로 희귀한 형질의 표출을 증가시키는 것은 동물에게서 비정상적이고 쇠약하며 때로는 치명적이기까지 한 신체 내외적 증상을 유발하는 원인이 된다'라고 밝히고 있다. 즉, 동물원조차 동물원에서 백호를 번식하는 목적이 종보전이 아님을 인정한 것이다. 그 목적은 오로지 희귀한 동물을 감상하려는 사람들의 주머니에서 입장료를 빼내려는 것일 뿐이다.

큰 고양잇과 동물 구조단체인 빅캣레스큐Big Cat Rescue는 아직도 전 세계에서 백호의 번식이 계속되고 있는 것에 우려를 표하고 있다. 이들은 백호와 한배에서 태어난 호랑이들은 털색깔이 정상이어도 유전병을 갖고 태어나는 경우가 많다고 지적한다. 그러다 보니 백호를 만들어 내기 위해 태어난 이 호랑이들은 태어나자마자 유전병으로 죽거나 제대로 된 치료를 받지 못해 일찍 폐사하는 '버려지는 호랑이throw-away tigers'가 된다며 백호의 번식을 법적으로 금지해야 한다고 주장하고 있다.

'예뻐서' 태어나고 '아파서' 버려지는 알비노 개, 고양이

알비노 개와 고양이도 있다. 개의 경우 도베르만핀셔, 차우차우, 페키니즈 등 다양한 종에서 나타나는데 동물원 동물과 마찬가지로 대부분 의도적인 번식에 의해 태어난다. 미국의 동물구조단체 노스스타레스큐North Star Rescue에 따르면 알비노 동물은 자라면서 시력장애, 피부질환 등 유전적 질병 때문에 버려지는 경우가 많다. 또 어렸을 때는 신비로워 보인다는 이유로 구매했다가 성체가 되면 붉은 눈이 무섭다는 이유로 버려지는 일도 허다하다고 한다. 노스스타레스큐는 알비노 동물도 세심하게 관리, 보호하면 훌륭한 반려동물이 될 수 있다며 버려진 알비노 동물의 입양을 위해 노력하고 있다.

미국의 도베르만핀셔협회에서는 알비노 도베르만핀셔에 대해 '동물의 건강과 복지를 고려하지 않고 알비노 도베르만핀셔를 번식하는 것에 강력하게 반대한다'는 공식 입장을 밝히고 있다. 협회는 1983년부터 5년 동안 알비노 부모에게서 태어난 새끼들을 연구해 이들의 피부가 햇빛에 취약하고, 시력장애뿐 아니라 잘 볼 수 없는 데서 오는 공포감 때문에 공격성을 띤다는 것을 밝혀냈다. 또한 1976년에 처음으로 발견된 알비노 도베르만핀셔인 '시바'를 현재 번식되고 있는 알비노 개체들의 조상으로 파악하고 시바의 유전자를 갖고 태어난 개체들을 추적해서 이들이 더 이상 새끼를 낳지 않게 하는 시스템도 운영 중이다.

고양이 중에도 털색깔이 하얀 고양이가 있다. 흰 털을 가진 모든 고양이가 알비노 개체는 아니다. 알비노 고양이는 눈이 색소 부족으로 분홍빛을 띠거나 아주 흐린 물색을 띤다. 알비노 고양이도 다른 알비노 동물과 마찬가지로 햇빛에 취약하며, 청력장애를 갖고 태어나는 경우가 많아 길고양이로 살거나 외출고양이로 살 경우 차 소리나 개 짖는 소리를 듣지 못해 사고를 당하기도 한다.

지리산 흰 오소리, 야생동물 서식지 보호를 위한 길조가 되기를

알비노 개체는 인간에게서도 나타난다. 탄자니아에서는 백색증을 앓는 알비노 흑인들의 인권유린 문제가 심각하다. 알비노의 신체 일부를 갖고 있으면 부와 명예를 얻는다는 미신 때문에 잔혹범죄의 표적이 된다. UN에 따르면 탄자니아에서 2000년대에만 80명이 넘는 알비노 흑인이 살해되었다. 절단된 신체 부위는 3,000~4,000달러, 시신 전체는 7만 5,000달러까지 거래된다. 사람이든 동물이든 겉모습이 다르다는 이유로 차별받거나 착취나 폭력의 대상이 되는 세상에 산다는 것은 슬픈 일이다.

다행히 세상에는 슬픈 알비노만 있는 것은 아니다. 호주 퀸즐랜드 동해안에는 세계에서 단 한 마리뿐인 알비노 혹등고래가 살고 있다. 미갈루Migaloo라는 이름의 이 고래는 1991년부터 고래 떼가 이동할 때마다 매년 눈에 띈다. 미갈루를 목격한 사람들은 홈페이지를 통해 위치와 사진을 공유하며 고래보호단체를 지원하는 등 고래보호운동에 앞장선다. 미갈루는 고래보호운동의 마스코트 같은 존재가 되어 가고 있다.

지리산에는 오소리 외에도 고라니, 삵, 담비, 딱따구리 등 수백 종의 야생동물이 서식하고 있다. 그중 많은 종이 멸종위기종이다. 그런데도 지리산의 야생동물은 겨울이면 먹이가 없어 굶주리고, 덫과 올무 등을 이용한 밀렵에 고통받는다. 지리산뿐만이 아니다. 전국의 산이 난개발과 환경파괴로 그곳에 사는 야생동물은 언제 서식지를 잃을지 모를 처지에 놓여 있다. 이럴 때 지리산 흰 오소리가 고래 미갈루처럼 우리에게 사라져 가는 멸종위기 동물들과 그들의 서식지를 보호하려는 마음을 심어 주는 그야말로 진정한 길조가 되면 좋겠다.

3
도살 장면을 보면서
호랑이고기를 먹는 디너쇼

고기, 약재, 가죽 등 머리부터 발끝까지
돈벌이로 이용되는 호랑이

한 세기 동안 95퍼센트 감소, 사라져 가는 호랑이

2016년에 호랑이 영화 〈대호〉가 개봉해서 인기를 끌었다. 일제강점기 때의 호랑이 사냥을 주제로 한 영화다. 이 영화를 통해 호랑이가 우리나라에서는 이미 멸종되었고, 전 세계적으로도 멸종위기라는 사실을 알게 된 사람도 꽤 많은 것 같다.

국토의 70퍼센트가 산인 우리나라에는 조선시대까지만 해도 호랑이가 자주 출몰했다. 야생동물이지만 우리 민족에게는 일상에서 드물지 않게 만날 수 있었던 동물이다. 단군신화에서 100일을 견디지 못하고 먼저 뛰쳐 나간 동물도 호랑이였다. 우는 아이에게는 울면 호랑이가 잡아간다고 말하며 달랬고, "호랑이에게 물려가도 정신만 차리면 산다"는 속담도 있다.

하지만 안타깝게도 호랑이는 우리나라에서 사라졌다. 다만, 우리나라에서 한국호랑이, 백두산호랑이라고 불리는 시베리아호랑이는 러시아 동부와 중국, 백두산 일대에 400~500마리가량 남아 있다.

사라져 가는 것은 한국호랑이만이 아니다. 1990년대까지만 해도 세계적으로 10만 마리에 이르던 야생 호랑이는 지난 20년 동안 무려 96퍼센트가 감소했다. 세계야생동물기금World Wildlife Fund에 따르면 2015년 기준으로 야생에 남아있는 호랑이는 3,890마리에 불과하다. 호랑이는 분포하는 지방에 따라 형태나 크기가 다른데, 지금은 3종의 아종이 멸종하고 수마트라호랑이, 인도호랑이, 시베리아호랑이, 말레이호랑이, 아모이호랑이, 인도차이나호랑이 6종의 아종만 남아 있다.

영화 〈대호〉에서는 조선호랑이가 우리나라에서 자취를 감춘 이유를 일본의 사냥으로 들었지만, 사실 지구상에서 호랑이가 사라져 간 데는 복합적인 이유가 있다. 농경지 확대, 벌목사업, 도시개발 등으로 숲을 밀어 버리면서 호랑이의 서식지가 파괴된 점, 호랑이의 먹이인 야생동물이 많이 사라진 점 등이 원인이다. 또한 서식지가 좁아진 호랑이들이 서로 싸우다가 죽거나, 근친교배를 해서 태어난 호랑이의 수명이 길지 않은 것도 개체수가 줄어든 이유 중 하나다. 그중 호랑이를 멸종 위기로 몰아넣은 가장 직접적이고 근본적인 원인은 바로 인간의 무분별한 밀렵이다.

머리부터 발끝까지, 약재로 쓰이는 호랑이

호랑이는 죽어서 가죽을 남기고, 사람은 죽어서 이름을 남긴다고 하지만 중국에서 호랑이가 남기는 것은 가죽뿐만이 아니다. 중국전통

호랑이 가죽을 벗겨 만든 양탄자. 호랑이 술과 장식품의 수요가 높아질수록 야생 호랑이 밀렵도 기승을 부린다. ⓒ연합뉴스

의학에서는 1,500년 전부터 호랑이 뼈가 약재로 사용되어 왔다. 통증과 염증을 완화하고 근육, 힘줄, 뼈를 강화시켜주는 효능이 있다고 여겨졌다. 호랑이 뼈뿐 아니라, 눈, 수염, 발톱, 꼬리, 신장, 심줄, 생식기까지 혈액을 맑게 해 주고 몸의 수분을 보충하며 잃어버린 젊음을 되찾아 주는, 그야말로 만병통치약이라는 믿음이 아직도 팽배하다. 물론

의학적 근거가 없는 낭설이다.

중국 정부는 1993년 국제 사회의 압력에 못 이겨 호랑이 뼈와 코뿔소 뿔의 거래를 법으로 금지하고, 중국 전통의학 약전에서 제외시켰다. 의학계에서도 호랑이 뼈를 약재로 사용하는 것을 중단했다. 그러자 공교롭게도 호랑이 뼈로 담근 술이 인기를 끌게 되었다. 호랑이 뼈술은 정력에 좋다는 이유로 비싼 가격에 팔린다. 와인처럼 오래 숙성된 것일수록 비싼데 한 병에 10만 원대부터 수천만 원을 호가한다.

호랑이 '농장'에서 야생으로 돌아간 호랑이는 한 마리도 없어

중국 정부는 호랑이 뼈의 거래를 금지한 비슷한 시기에 야생 호랑이의 멸종을 막겠다는 이유로 호랑이를 대규모로 사육하는 '호랑이 공원'을 만들기 시작했다. 멸종위기에 처한 호랑이를 인공적으로 번식시켜서 개체수를 늘리겠다는 의도였다. 이 시설은 동물원처럼 '공원'이라는 이름으로 운영되고 있지만 오히려 호랑이를 사육해서 돈벌이에 이용하는 '호랑이 농장'에 가깝다. 현재 중국에서 운영되는 호랑이 농장은 200개에 달한다. 호랑이 농장 중에는 지자체가 직접 운영하거나 정부 지원을 받는 곳도 있다. 1980년 20마리에 불과하던 중국의 사육 호랑이 수는 30년 만에 6,000여 마리로 늘어났다. 전 세계의 야생 호랑이 개체수의 거의 두 배에 달하는 수다. 그러나 30년 가깝도록 야생으로 돌아간 호랑이는 단 한 마리도 없다.

중국 구이린桂林에는 웅호산장熊虎山桩이라는 중국 최대 규모의 호랑이 공원이 있다. 1993년 문을 연 이곳은 중국의 호랑이 사육정책을 비판하는 외신기사에 빠지지 않고 등장하는 곳이다.

중국 헤이룽장 성의 동북호림원에서 호랑이를 구경하는 관광객. 동북호림원은 호랑이를 보전한다며 설립했지만 현재까지 야생으로 돌아간 호랑이는 단 한 마리도 없다. ⓒ연합뉴스

웅호산장에서 사육되는 호랑이는 무려 1,800여 마리나 된다. 세계에서 가장 많은 수의 호랑이를 사육하는 곳이다. 호랑이 외에도 곰 500여 마리, 원숭이 등도 사육한다. 콘크리트와 녹슨 철조망으로 된 사육장은 비좁고 더러울 뿐 아니라 호랑이도 털에 윤기가 없고 눈에 띄게 말라 있다. 또한 매일 운영되는 동물 쇼는 '보전'이라는 단어와는 거리가 멀다. 야생으로 돌려보내겠다던 호랑이들은 이빨이 뽑힌 채, 조련사의 채찍에 맞춰 공 위에서 두 발로 서고, 앞발을 들어 구걸하는 흉내

를 낸다. 쇠사슬에 묶인 곰은 자전거를 타고 훌라후프를 돌린다. 원숭이를 등에 태운 염소는 아슬아슬하게 줄 위를 네 발로 걷는 묘기를 보인다.

동물 쇼 관람료는 우리 돈으로 1인당 7,000원 정도다. 중국 물가로 봐도 그리 비싼 편은 아니다. 이곳은 외진 곳이어서 관람객의 발걸음도 뜸하다. 그렇다면 2,000마리가 넘는 맹수의 먹이 값을 대기에도 턱없이 모자란 수입인데 왜 이 농장을 운영하는 것일까? 사실 동물 쇼는 호랑이 공원의 실체를 위장하기 위한 수단일 뿐이다. 호랑이 농장의 수익은 따로 있다.

이곳에서는 호랑이술을 찾는 사람이 있으면 곧장 사무실로 안내된다. 병에 '호랑이 뼈로 만든 술'이라고 쓰여 있지만 않을 뿐 술병에는 호랑이 그림이 그려져 있다. 이곳에서는 자연사한 호랑이 뼈를 사용했다고 주장한다. 하지만 공원에서 사육되는 호랑이들이 아무리 영양부족과 질병으로 평균수명(20살)도 채우지 못하고 평균 10년 정도 살고 죽는다고 해도 자연사한 호랑이만으로 이곳 공장에서 생산되는 호랑이술을 만들기에는 턱없이 부족해 보인다. 웅호산장의 소유주가 농장 근처에서 운영하는 호텔의 식당에서는 호랑이술 외에 곰발바닥으로 담근 술, 호랑이고기 요리도 판매한다. 중국 호랑이 농장을 조사해 온 국제환경단체들은 늙거나 병든 호랑이, 서로 싸우다가 부상당한 호랑이를 도살해서 호랑이술, 호랑이고기의 재료로 사용한다고 주장한다.

세계적으로 멸종위기 야생동물을 보호하려는 움직임이 활발하지만 중국의 시계는 거꾸로 가고 있다. 경제의 급성장과 함께 개인이 성공과 재력을 과시하는 문화가 퍼지면서, 호랑이술과 호랑이고기, 가죽에 대한 수요도 점차 늘어나고 있다. 늘어나는 수요를 감당하기 위해 중국의 호랑이 농장은 최근 베트남, 라오스와 같은 주변 국가로 확장되는 추세다. 호랑이술을 제조하는 회사들은 거액을 투자해 광고로 소비를 조장하고 정부에 로비를 펼친다. 귀한 물건이니만큼 뇌물로 쓰이는 경우가 허다하기 때문에 정부의 단속도 제대로 이루어지지 않는다. 2014년 중국 남부 레이저우雷州 지방에서는 호랑이를 도살하는 장면을 관람한 후 호랑이고기를 먹는 디너쇼를 즐긴 사람들이 경찰에 발각되기도 했다. 이중에는 지자체 공무원도 포함되어 있었다.

멸종위기에 처한 호랑이를 보호하겠다면서 정부가 지원까지 하는 호랑이 공원, 호랑이 농장들이 앞장서서 호랑이를 잡고 있는 것이다. 한술 더 떠서 중국은 최근 국제사회가 중국의 호랑이 소비를 인정해야 한다고 슬그머니 주장하기 시작했다. 농장에서 번식한 호랑이는 엄연히 중국의 '축산자원'이며, 야생이 아닌 사육 호랑이 뼈의 거래를 합법화하면 야생 호랑이의 밀렵을 줄일 수 있다는 논리다.

호랑이를 보호하는 줄 알았는데 '호랑이술'을 만들고 있는 호랑이 사원

호랑이 거래를 합법화하면 호랑이 사육 산업이 확대되고, 호랑이로 만든 제품에 대한 수요가 늘어나는 결과를 가져온다. 지금도 중국의 호랑이술에 대한 수요 증가는 다른 나라에서까지 호랑이 불법 포획과 암거래가 기승을 부리는 원인이 되고 있다.

태국의 칸차나부리 주에 있는 불교 사원 '왓 파 루앙 타 부아'는 '호랑이 사원'이라는 이름으로 더 유명하다. 이곳에서는 1999년부터 호랑이를 보전한다는 명목으로 호랑이를 키우기 시작했는데 2016년에는 키우는 호랑이의 수가 137마리까지 늘어났다. 승려들과 호랑이들이 어우러져 사는 모습을 보기 위해 전 세계에서 관광객들이 모여들었다. 사원에 들어가는 입장료는 600바트, 우리 돈으로 2만 원이다. 새끼 호랑이 만지기, 목욕시키기, 산책시키기 같은 체험을 하려면 돈을 추가로 더 내야 하는데 그중 가장 인기 있는 프로그램은 호랑이와 사진 찍기다. 태국의 동물보호단체 태국야생동물의 친구Wildlife Friends of Thailand에 따르면 호랑이 사원의 수익은 1년에 280만 달러, 우리 돈으로 30억 원이 넘는다.

그러나 호랑이 사원은 2001년부터 동물학대 의혹이 끊이지 않았다. 국제 동물보호단체들은 사원에서 호랑이를 때리고, 작은 콘크리트 사육장에 감금하고, 병든 동물에게 수의학적 조치를 취하지 않는다고 주장했다. 한 관람객이 승려가 호랑이의 얼굴을 무자비하게 구타하는 모습을 촬영해 자신의 페이스북에 올린 영상이 화제가 되기도 했다. 국제적 멸종위기종인 호랑이의 불법거래와 장기 밀매에 대한 의혹도 제기됐다. 호주의 동물보호단체 시포라이프Cee4Life는 2016년 보고서를 통해 1999년부터 2015년까지 호랑이 사원에서 사라진 호랑이가 281마리에 달한다고 주장했는데 호랑이 사원은 의혹을 전면 부인했다.

2016년 6월, 시포라이프와 《내셔널 지오그래픽》의 보도로 태국 정부가 호랑이 사원을 전격 조사했다. 그 결과 호랑이 사원의 두 얼굴이 밝혀졌다. 사원의 냉동고에서 새끼 호랑이의 시체 40구와 호랑이로 담근 술이 발견된 것이다. 경찰 조사에 따르면 사원 측은 호랑이 뼈, 가죽, 고기를 외국으로 밀매했고, 관광객을 대상으로 하는 태국 식당에 호랑이고기를 팔아 온 것으로 드러났다. 인근에서 불법 도축장으로 의

심되는 시설까지 운영 중이었다.

결국 호랑이 사원은 폐쇄되었고 100마리가 넘는 호랑이들은 현재 태국 정부와 동물보호단체들이 나눠서 보호 중이다. 그러나 호랑이 사원은 다시 문을 열겠다는 계획이다. 2016년 10월 호랑이 사원의 수도원장은 《방콕 포스트》와의 인터뷰에서 아직 동물원 면허가 있으므로 호랑이 5마리를 다시 들여와 전시시설을 운영하겠다고 밝혔다.

호랑이가 수난을 겪는 곳은 태국만이 아니다. 인도에서도 현지 언론이 '위기'라는 단어를 쓸 만큼 호랑이 밀렵이 기승을 부리고 있다. 모든 호랑이는 CITES 부속서 1에 속하는 동물로 국제 거래가 금지되어 있음에도 불구하고 인도에서 잡힌 호랑이는 모두 중국 암시장으로 팔려 나간다. 단속을 피하기 위해 중국 국경과 인접한 미얀마 등의 국가에서 밀거래가 이루어지기도 한다. 인도야생동물보호협회Wildlife Protection Society of India에 따르면 2016년 1월부터 10월까지 인도에서 밀렵된 호랑이의 수가 36마리에 달한다. 2015년에 25마리가 밀렵된 것에 비하면 벌써 10마리 이상이 증가한 것이다. 2014년 기준으로 야생에 남아 있는 인도호랑이 수는 2,226마리밖에 되지 않는 상황이다.

심지어 애꿎은 아프리카사자도 중국의 호랑이술에 대한 수요 때문에 새로운 위협에 처했다. 호랑이 뼈와 달리 사자 뼈는 전통적으로 중국 약전에서 약재로 쓰이지 않았는데도, 호랑이술의 인기에 힘입어 사자 뼈로 만든 '사자술'이 인기를 끌면서 아프리카에서 트로피 사냥으로 도살된 사자 뼈가 라오스, 베트남, 중국으로 밀거래되고 있다. 야생동물 거래를 감시하는 국제야생동물보호기구인 트래픽Traffic의 보고에 따르면 2008년부터 2011년까지 1,160구의 사자 뼈가 불법으로 거래되었다. 동물보호단체들은 이런 파생 문제까지 해결하려면 호랑이의 모든 신체 부위의 중국 내 거래를 법으로 금지해야 한다고 주장하고 있다.

야생동물의 멸종을 부르는 '나비효과'

중국 사람들만 비판할 일은 아니다. 중국 헤이룽장黑龍江 성 하얼빈 외곽에 있는 동북호림원東北虎林園은 웅호산장에 이어 두 번째로 규모가 큰 호랑이 공원으로, 1,000마리에 가까운 호랑이를 사육하고 있다. 1980년 중국 정부가 시베리아호랑이의 종보전을 명목으로 설립했지만 이곳에서 야생으로 돌아간 호랑이는 단 한 마리도 없다. 차를 타고 전기울타리가 쳐진 사파리 형태의 공원을 돌아다니며 호랑이를 관람할 수 있는 이곳은 한국 관람객들에게 인기가 높다.

또한 이곳에서는 단지 보는 것뿐 아니라 돈을 내면 호랑이에게 살아 있는 닭이나 소를 던져 주고 잡아먹는 모습을 구경할 수도 있다. 우리나라 일간지에 '호랑이의 안식처'라는 이름으로 여러 차례 보도된 곳이지만 이곳 역시 호랑이술을 팔고 있다. 그러니 이곳에서 호랑이술을 구매하지 않더라도, 입장료를 내고 이곳을 방문하는 것만으로도 관광객은 불법적으로 야생동물을 도살, 가공해 판매하는 산업을 유지시키는 데 일조하는 것이다.

중국이나 동남아시아 관광상품은 건강보조제를 파는 약방 쇼핑을 포함하고 있는 경우가 많은데, 이런 곳에서는 꼭 호랑이가 아니더라도 야생동물을 재료로 사용한 제품을 쉽게 찾아볼 수 있다. 돈 들여서 간 여행이라고 평소에는 못 보는 진귀한 재료로 만든 식품이나 기념품을 구매할 때는 한 번 더 생각해야 한다. 평생 한 번인데 어떠냐며 새로운 경험이라는 생각으로 주머니를 여는 작은 행동이 멸종위기에 처한 동물의 씨를 말리는, 돌이킬 수 없는 나비효과를 불러올 수 있다. 또한 멸종위기종의 동식물로 만든 제품이라면 관세법 위반으로 처벌받을 수 있다.

동물의 왕이라는 호랑이. 특히 호랑이 중에서도 가장 몸집이 큰 종이 한국에 살던 시베리아호랑이다. 비록 남한 땅에서는 사라졌지만 백두산에는 아직 서식하고 있는 것으로 추정된다. 사라져 가는 호랑이를 지키는 일은 일부 야생동물보호단체나 몇몇 국가의 노력으로는 불가능하다. 호랑이가 호랑이 담배 피던 시절에나 존재하던 동물이 되어 버리지 않기 위해 우리가 할 수 있는 일이 있다는 것을 기억하면 좋겠다.

4
코뿔소는 전설 속의
동물이 될까?

항암효과가 있다는 코뿔소 뿔, 손톱 먹는 것과 같아

사라질 위기에 처한 코뿔소, 그들의 천적은 '인간'

큰바다오리, 스텔러바다소, 도도, 검치호, 매머드… 우리에게 생소
하게 들리는 동물의 이름들이다. 아마 동물원에서조차 본 적이 없을
것이다. 당연하다. 이들은 이미 오래전에 멸종되어 지구상에 존재하지
않기 때문이다.

이런 동물들에 비하면 코뿔소는 그나마 비교적 친숙하게 느껴지는
동물 중 하나다. 직접 보지는 못했더라도 아마 TV 프로그램인 〈동물의
왕국〉에서라도 본 기억이 있을 것이다. 그런데 코뿔소도 불과 몇십 년
후에 멸종될 동물 명단에 이름을 올릴 위기에 처했다. 우리 아이들이
코뿔소라는 단어를 들었을 때 우리가 매머드에 대해 느끼는 것처럼 멀
고 먼 과거에 존재했던 동물로만 느껴지는 세상이 코앞에 다가와 있다.

코뿔소는 코끼리 다음으로 몸집이 큰 육상동물이다. 코뿔소는 코끼리와 마찬가지로 1~4톤에 달하는 거구의 덩치와 어울리지 않게 나뭇가지와 이파리를 먹고 사는 초식동물이다. 이마에 난 큰 뿔은 자그마한 눈, 짧고 튀어나온 귀와 묘하게 조화를 이룬다. 신생대 후기까지는 유라시아와 아프리카 전역에 분포하던 코뿔소는 이제 사하라 사막 남쪽 아프리카와 아시아 남부, 중앙부에만 남아 있다.

현재 생존하는 코뿔소 종은 총 5종뿐이다. 아프리카에는 흰코뿔소와 검은코뿔소가, 아시아에는 인도코뿔소, 자바코뿔소, 수마트라코뿔소가 있다. 인도코뿔소, 자바코뿔소는 뿔이 한 개, 흰코뿔소, 검은코뿔소, 수마트라코뿔소는 뿔이 두 개다.

1960년대까지만 해도 7만 마리였던 검은코뿔소의 개체수는 이제 5,000여 마리로 감소했다. 아종인 서부검은코뿔소는 2006년 멸종했다. 중앙아프리카에 서식하던 북부흰코뿔소는 1960년에 개체수가 이미 2,000마리까지 줄어들었고, 계속된 밀렵으로 야생에서는 완전히 멸종되었다. 현재 케냐 올제페타보호구역에 단 3마리만 남아 있다. 코뿔소 중에 개체수가 가장 많은 남부흰코뿔소는 2만 마리 정도 남아 있다.

아시아종의 위기도 심각하다. 인도코뿔소는 3,300여 마리, 수마트라코뿔소는 100마리, 자바코뿔소는 60마리밖에 야생에 남아 있지 않다. 세계자연보전연맹International Union for Conservation of Nature and Natural Resources은 수마트라코뿔소와 자바코뿔소를 '심각한 위기종Critically Endangered'으로 분류했다.

성체가 된 코뿔소는 야생에 천적이 없다. 그들의 천적은 인간뿐이다. 1800년대 아프리카에 야생동물 사냥과 거래에 대한 규제가 없을 때 유럽에서 온 이민자와 사냥꾼들은 코뿔소를 무분별하게 쏘아 죽였다. 1849년부터 1895년 사이에 11톤에 달하는 코뿔소의 뿔이 아프리카에서 수출되었는데, 이는 10만~17만 마리의 코뿔소를 사냥해야 수확할 수 있는 양이다.

예멘에서는 수천 년 전부터 코뿔소 뿔로 단검의 손잡이를 만들었다. '잔비야Janbiya'라고 부르는 단검은 전통적으로 귀한 동물의 뿔을 조각해 장식하는데 코뿔소 뿔로 만든 단검은 높은 신분을 나타내는 수단으로 쓰였다. 중국 황실에서도 당나라 때부터 코뿔소 뿔로 만든 그릇과 잔, 장식품이 쓰인 것으로 기록되어 있다. 1970년대에 북예멘은 아프리카에서 수출하는 코뿔소 뿔 수출량의 무려 40퍼센트를 수입하기도 했는데 다행히 통일된 예멘공화국은 1982년 코뿔소 뿔 수입을 법으로 금지했다.

중국 의학에서는 거의 2,000년 전부터 코뿔소 뿔을 해열, 해독제로 처방해 왔다. 1977년 CITES가 체결되기 전까지 중국뿐 아니라 다른 아시아 국가에서도 코뿔소 뿔을 약재로 수입했다. 우리나라도 1970년부터 1979년 사이에 200킬로그램의 코뿔소 뿔을 수입한 기록이 있다. 이는 홍콩, 중국, 일본, 타이완 다음으로 많은 양이다. 1993년 중국은 코뿔소 뿔의 판매를 금지하고 중국약전에서도 제외시켰다.

중국과 예멘의 법 개정과 아프리카 정부의 단속으로 1990년대에 코뿔소 밀렵은 급속도로 줄어들었다. 1990년부터 2007년까지 한 해에 밀렵되는 코뿔소 수는 평균 15마리에 지나지 않았다. 그런데 2008년부터 그 수가 다시 늘기 시작됐다. 2008년 사냥으로 목숨을 잃은 코뿔소의 수가 83마리로 늘어났고 그 이듬해는 122마리, 2010년에는 333

마리로 증가하는 추세를 보이더니, 2014년에는 최고치인 1,215마리를 기록했다가 2015년에는 1,175마리로 줄었지만 여전히 높은 수를 기록하고 있다.

2008년에 도대체 무슨 일이 있었던 것일까? 원인은 베트남이다. 2008년부터 베트남에서 코뿔소 뿔이 항암효과가 있다는 헛소문이 돌면서 암시장에서의 수요가 급증했다. 이름도 밝혀지지 않은 한 정치인이 코뿔소 뿔을 먹고 암이 완치되었다는 근거 없는 소문이 퍼지면서 코뿔소 뿔 값이 100그램에 6,000달러까지 치솟았다. 금보다 비싼 가격이다. 2010년에는 베트남에 마지막으로 남아 있던 자바코뿔소가 총을 맞고 뿔이 잘린 채 발견되었다.

중국에서도 시들해지던 코뿔소 뿔 수요가 부유층이 늘어나면서 다시 늘고 있다. 특히, 술 마시기 전에 코뿔소 뿔 가루를 복용하면 술에 쉽게 취하지 않고 숙취를 없앤다는 소문이 퍼지면서 젊은 세대 사이에서 인기를 끌고 있다.

그러나 코뿔소 뿔의 성분은 각질이라고 부르는 케라틴이 전부다. 케라틴은 우리의 머리카락, 손톱, 피부 등 상피구조의 기본을 형성하는 단백질이다. 결국 금보다 더 비싼 가격을 주고 이런저런 효능을 기대하며 복용해 봤자 결국에는 자기 손톱을 뜯어먹는 것 이상의 효과가 없다는 것이다.

진화하는 밀렵 기술, 잔인하게 도살되는 코뿔소

남아프리카공화국 요하네스버그 북동부에 있는 크루거국립공원은 우리나라 면적의 5분의 1에 해당하는 규모의 국립공원이다. 이 공원에

2015년 2월 남아프리카공화국의 크루거국립공원에서 뿔이 잘린 채 죽어 있는 코뿔소 사체를 범죄수사단이 살펴보고 있다. 남아프리카공화국에서는 2015년 한 해 동안에 밀렵된 코뿔소가 1,175마리다. ⓒ연합뉴스

는 아프리카 사파리에서 가장 인기 있는 5대 동물, '빅파이브big five'라고 부르는 코뿔소, 코끼리, 사자, 표범, 물소뿐 아니라 많은 야생동물이 서식하고 있다. 2015년 기준으로 남아프리카공화국에 서식하는 1만 7,700마리 코뿔소 중에 8,400마리가 크루거국립공원에 서식한다.

코뿔소의 숫자가 많은만큼 코뿔소 밀렵이 가장 많이 일어나는 곳이기도 하다. 전 세계에서 발생하는 코뿔소 밀렵의 3분의 2가 크루거국립공원에서 일어난다. 경제사정이 좋지 않고 코뿔소 뿔 밀렵과 소지에 관한 규제가 약한 모잠비크가 국경에 인접해 있는 것도 밀렵이 기승을 부리는 이유다.

코뿔소를 밀렵하는 범죄는 점점 조직화되고, 기술도 날로 진화하고

있다. 보통 망을 보는 사람, 총을 쏘는 사람, 뿔을 자르는 사람 등 4~6명이 한 조를 이룬다. 무기와 통신장비 등으로 중무장한 이들은 지역사회에 접근해 코뿔소가 나타나는 지역과 경비대에 대한 정보를 수집하고 밀렵 후 탈출로까지 미리 계획한다.

매일 물웅덩이를 찾아 물을 먹는 코뿔소의 습성 때문에 코뿔소를 찾아내 죽이는 일은 그리 어려운 일이 아니다. 경험 있는 밀렵꾼이라면 물웅덩이에서 기다렸다가 물을 먹는 코뿔소에게 다가가 쓰러뜨리고 뿔을 제거하는 데 7분이면 충분하다. 일단 코뿔소의 무릎을 총으로 쏴 쓰러뜨린 후 아킬레스건과 척추를 칼로 잘라 움직이지 못하게 한다. 그러고는 도끼로 코의 뿌리부터 도려낸다. 코뿔소는 즉사하지 않은 상태에서 서서히 고통스러운 죽음을 맞는다. 그러다 보니 종종 죽은 엄마나 아빠 코뿔소 곁을 떠나지 못하고 마음 아프게 울부짖는 아기 코뿔소가 함께 발견되기도 한다.

조직에 가담하는 사람들은 주로 크루거국립공원 동쪽에 인접한 모잠비크 사람들이다. 사회적으로 불안정한 모잠비크는 아프리카 국가 중에서도 가난한 나라로 꼽힌다. 그러다 보니 모잠비크의 농민들은 돈의 유혹을 떨치기가 어렵다. 밀렵에 가담해 버는 돈은 우리 돈으로 1인당 300만 원 정도. 한 가족이 오랫동안 생계를 유지할 수 있는 큰 돈이다.

밀렵꾼과 경비대 간의 총격 중 목숨을 잃는 밀렵꾼도 많다. 2015년 모잠비크의 호아킴 치사노 전 대통령은 2010년부터 5년 동안 500명의 모잠비크인 밀렵꾼이 사살되었다고 주장했다. 그러나 밀렵꾼이 밀렵 중 죽더라도 그의 가족에게 돈이 지불되기 때문에 가난한 사람들은 가족을 위해 이 일에 뛰어든다. 밀렵에 대한 유혹을 뿌리치기 어렵게 만드는 밀렵 조직의 악랄한 수법이다. 그러다 보니 코뿔소 밀렵에 젊은 아들을 잃는 가족의 수가 계속 늘고 있다.

드론, 이주시키기, 뿔 자르기… 코뿔소를 지키기 위한 노력

남아프리카 국가들은 밀렵을 방지하기 위해 다양한 시도를 하고 있다. 중무장한 특공대를 배치해 삼엄한 경비를 서고 드론, 야간투시경, 위성추적장치 등 최첨단 장비를 동원해 날로 지능화되어 가는 밀렵꾼들의 범죄수법에 대응하고 있다. 해마다 수십 마리의 코뿔소를 조금 더 안전한 지역으로 이주시키기도 한다.

뿔 때문에 코뿔소가 밀렵꾼의 표적이 되지 않도록 미리 뿔을 자르는 방법도 도입되었다. 2016년 9월 짐바브웨 야생동물 관리당국은 코뿔소 700마리의 뿔을 잘랐다. 생장점을 남겨 놓고 자르면 6년 뒤에는 다시 뿔이 자란다. 하지만 어린 코뿔소의 경우 뿔을 자르게 되면 천적에게 무방비로 노출되어 야생생활에서 생존하기 어려워지는 단점이 있다. 자른 뿔에 전자칩을 삽입하여 유통과정을 추적해 밀수업자들을 쫓는 시도도 하고 있다.

최근에는 뿔에 인체에 유해한 독성물질을 주입하는 방법도 시도되었다. 코뿔소 뿔에 드릴로 구멍을 내고 외부기생충 약의 일종인 약물을 주입하는 것이다. 약물은 코뿔소의 건강에는 영향을 미치지 않지만 사람이 복용했을 때는 구토, 메스꺼움, 경련 등의 증상을 유발할 수 있다. 그리고 뿔이 약품처리가 되었음을 밀렵꾼들에게 알리기 위해 색소를 주입한다.

그러나 일부 동물보호단체는 이 방법 역시 궁극적인 해결책이 아니라고 지적한다. 밀렵꾼들은 팔면 그만이기 때문이다. 그들은 아시아의 소비자들이 독성이 있는 뿔을 복용해 건강을 해치든 말든 개의치 않는다. 특히 소비자에게 팔리기 전까지 많은 중간 상인을 거치면서 원산지를 확인하기가 어렵기 때문에 책임질 필요가 없으니 뿔에 독성이 있는 코뿔소라고 해서 밀렵꾼이 마다할 이유는 없다는 것이다.

우리나라에서는 현재 코뿔소 뿔을 약재로 거의 쓰지 않는다. 반면에 북한은 부족한 정부재정을 충당하기 위해 외교관들이 코뿔소 뿔 밀수에 조직적으로 가담해 국제적 비난을 받고 있다. 제네바에 본부를 둔 국제조직범죄방지연합the Global Initiative against Transnational Organized Crime 의 2016년 보고에 따르면 지난 30년 동안 아프리카에서 북한 외교관이 코뿔소 뿔을 밀수하다 적발된 사건이 16건이다. 2015년에는 모잠비크에서 코뿔소 뿔을 밀매하다 적발된 북한 외교관이 강제추방 당하기도 했다. 외교관은 공항에서 수하물 수색을 당하지 않는 특혜를 이용해 밀수를 한 것이다. 밀수된 코뿔소 뿔은 중국 주재 대사관으로 넘겨져 중국 암시장에서 팔리는 것으로 알려져 있다.

그나마 다행인 것은 야생에서 코뿔소가 영원히 자취를 감추는 것을 막기 위한 국제적인 움직임이 일어나고 있는 것이다. 2014년 2월에는 런던에서 50개국이 참가해 야생동물 불법거래를 근절하기 위한 정상회담을 개최하기도 했다.

영국 왕실도 발 벗고 나섰다. 윌리엄 왕자가 직접 나서서 코뿔소를 멸종위기에서 보호하는 일에 세계인의 관심을 호소하며 중국 시진핑 주석, 미국 오바마 대통령 등과의 만남에서도 국가적 차원의 협조를 요청했다. 축구선수 데이비드 베컴, 영화배우 레오나르도 디카프리오, 성룡, 농구선수 야오밍도 홍보대사로 나섰다. 동물보호단체들은 베트남, 중국 등지에서 코뿔소 뿔의 약효가 허구라는 것을 알리는 소비자 교육에 힘쓰는 한편 남아프리카공화국에는 국경 경비를 강화할 것을 요구하고 아직도 허점이 많은 국제법을 재정비해야 한다고 목소리를 높이고 있다.

전 세계에 3마리 남은 북부흰코뿔소의 야생 개체수를 회복하는 일은 이미 늦었을지도 모른다. 그러나 아직 다른 코뿔소들에게는 희망이 있다. 다음 세대에게 코뿔소가 유니콘 같은 전설 속의 동물이 되어 버리지 않으려면 더 늦기 전에 한 마리라도 지키기 위한 대책이 시급하다.

5
투우장의 소가 콧김을 내뿜는
용맹한 소인 줄 알았지?

투우는 용맹한 스포츠가 아니라 비열한 동물학대

유럽에서도 뜨거운 감자가 된 투우

15년 전, 대학을 졸업하고 대학원 입학을 앞둔 여름, 스페인 아스투리아스 지방의 작은 해안도시인 히혼에서 계절학기를 다녔다. 수업이 없는 날 오후, 교수와 학생 전체가 투우 관람을 한다고 해서 별생각 없이 따라갔다. 그때만 해도 투우라고 하면 화려하게 차려입은 투우사가 마치 발레리노와 같은 몸짓으로 성난 소를 이리저리 뛰게 하는 것이라고만 막연하게 생각했지 내용에 대해서는 정확하게 모르던 때였다.

그러나 시작을 울리는 트럼펫 소리와 함께 등장한 투우사가 소를 향해 붉은 천을 펼쳐 들자 불편한 감정이 들기 시작하더니 첫 번째 창이 소의 목에 꽂히기도 전에 반사적으로 쏟아지는 눈물을 참지 못하고 뛰쳐나올 수밖에 없었다. 함께 갔던 학생들과 교수들은 대부분 미국인이었는데 처음에는 내가 자리를 뜨는 것을 보면서 차가운 표정을 지었다. 아마도 개식용이 있는 나라, 동물에게 그리 친절하지 않다는 평판을 듣는 나라인 한국에서 온 내가 남의 나라 '전통문화'를 불편해 하는 것이 고까워 보였을지도 모른다. 하지만 결국에는 그들도 하나둘 불편한 얼굴로 경기장을 떴다. 그날 일행 중 소가 죽는 마지막 장면까지 버틴 사람은 없었다. 우리나라의 복날의 개식용처럼, 유럽에도 여름이면 논란이 되는 뜨거운 감자가 바로 스페인의 투우다.

매년 7월 스페인 북부 나바라 주의 팜플로나 시에서는 9일간의 산 페르민 축제가 열린다. 이 축제에서 열리는 소몰이 행사는 전 세계에서 수만 명의 관광객들이 몰려들 정도로 인기가 있는 반면, 국제적인 비난 여론도 만만치 않다.

헤밍웨이의 《태양은 또다시 떠오른다》에도 등장하는, 스페인어로 엔시에로Encierro인 소몰이 행사는 축제기간 동안 매일 아침 8시에 시작한다. 그날 오후 투우에 쓸 소 여섯 마리를 거리에 풀어 질주하게 만드는데 이 소들 사이에서 흰 옷에 빨간 천을 두른 수천 명의 관광객과 주민들이 엎치락뒤치락하면서 함께 달리는 행사다.

그런데 단순히 소와 함께 달리는 행사가 아니라서 반대 목소리가 높다. 일단 소는 그 전날부터 암흑 속에 가둬진다. 아침 8시, 행사의 시작을 알리는 폭죽과 함께 문이 열리면서 소를 풀어 놓는다. 오랫동안 빛을 보지 못한 소는 아침 햇살에 일시적으로 앞이 안 보이게 되고 몰려드는 군중 때문에 혼란을 겪는다. 경기장까지 이어진 길은 875미터. 앞도 안 보이는 데다 사람들에게 휩싸여서 좁은 길을 달리다 보니 소는 콘크리트 바닥에 미끄러지거나 벽에 부딪혀 넘어져서 다리가 부러

스페인 마드리드에서 열리는 소몰이 행사에 참가한 군중. 불안과 공포에 질린 소들을 막대기를 든 남자들이 쫓고 있다. ⓒ연합뉴스

지는 부상을 당하는 경우가 많다. 이 과정에서 사람들이 함께 달리면서 소를 발로 차거나 신문지 등으로 때리고 약을 올리는 것도 놀이의 일부다.

군중 중에도 부상자가 속출하기는 매한가지여서 부상자가 매년 50명에서 100명 발생한다. 2013년에는 구급차에 실려 간 관람객만 30명에 달했다. 팜플로나에서만 1924년부터 총 15명이 축제에서 목숨을 잃었고, 2015년에는 사망자는 없었지만 15명이 뿔에 찔려 부상을 입었다. 2016년에는 스페인 동부 테루엘에서 투우 경기 중 투우사가 소뿔에 가슴을 찔려 사망했다.

소몰이에 참가하는 사람들은 대부분 남자다. 특히 이 축제기간에는 술에 취한 군중에 의한 사고가 많다. 2015년에는 한 여성이 화장실에서 술에 취한 남자들에게 성폭행을 당하는 사건이 발생하면서 동물보호단체뿐 아니라 여성단체의 원성도 사고 있다.

싸움이라기보다는 연출된 무대

아침부터 진행된 소몰이를 마친 소들은 플라자데토로Plaza de Toro라 불리는 원형경기장으로 몰아넣어진다. 부상당한 몸으로 경기장에 갇혀 혼란스러운 소들은 같은 날 오후 투우 경기에 투입된다.

스페인어로 투우는 코리다데토로스corrida de toros, 우리말로 직역하면 '소의 질주' 정도로 해석할 수 있다. 로마 시대에 사람과 맹수의 싸움을 즐기던 것에서 유래한 것으로 여겨지는 투우는 17세기부터 현재의 모습을 갖추기 시작했다. 지금은 스페인, 포르투갈, 남프랑스 일부 지역과 멕시코, 콜롬비아, 에콰도르, 베네수엘라, 페루 등 라틴아메리카 국가에 남아 있다. 동물보호단체 휴메인소사이어티에 따르면 매년 투우장에서 25만 마리가 넘는 소가 목숨을 잃는다.

전통적인 투우는 총 3개의 무대로 구성되는데 무대마다 다른 투우사가 등장한다. 첫 번째 무대에는 말을 탄 투우사 피카도르picador 2명이 등장해 소의 목에 피카pica라고 불리는 창을 내리꽂는다. 이때 소는 피를 흘리면서 힘이 빠지고, 목근육의 힘이 약해져 남은 경기 동안 목을 잘 가누지 못하게 된다. 두 번째 단계에서는 3명의 투우사 반데릴레로banderillero가 각각 2개씩, 총 6개의 알록달록한 작살을 소의 어깨에 꽂는다. 이쯤에서 소는 상당한 양의 피를 흘려 점점 탈진해 가고 공포심에 날뛰게 된다. 반데릴레로는 소 주위를 빙빙 돌며 소가 어지러워서 중심을 잡을 수 없게 만드는 역할도 한다.

경기의 하이라이트라고 할 수 있는 마지막 무대에서는 주인공 투우사인 마타도르matador가 칼과 물레타라는 붉은 천을 들고 등장한다. 이 단계에서 소는 이미 지칠 대로 지친 상태이고, 출혈과 자상, 골절 등으로 인해 심한 고통을 느끼며, 정신적으로도 거의 미쳐 버린 초죽음 상태다. 마타도르는 마치 스페인 전통춤과도 같은 동작으로 소를 유인하고 몸을 교묘히 빼는 퍼포먼스로 관중들의 환호를 받는다. 장내의 흥분이 최고조에 이르면 마타도르가 칼로 소의 심장을 찔러 죽이면서 경기가 끝이 난다.

규칙대로라면 심장에 칼을 꽂아 즉사시켜야 하지만 반 톤이 넘는 소가 단 칼에 죽는 일은 드물다. 따라서 폐와 심장을 세 번, 네 번씩 칼로 난도질하게 되는데, 그동안 소는 어김없이 피를 토한다. 경기가 끝난 다음에도 소는 대부분 몸은 마비되었지만 의식은 남아 있는 상태

다. 이때 관중의 반 이상이 마타도르가 훌륭한 싸움을 했다는 의미로
흰 손수건을 흔들면 마타도르는 소의 귀를 칼로 잘라 상으로 갖게 되
는데, 이 역시 소의 의식이 남아 있는 상태에서 행해진다.

숨이 넘어가는 마지막 순간까지도 소에게 존엄한 죽음 따윈 허락되
지 않는다. 숨통이 끊기기 일보 직전의 소의 뿔을 말에 매단 채 경기장
을 돈다. 짐짝처럼 경기장 내를 질질 끌려 다니며 죽어 가는 소를 보면
서 흥분한 관중들은 종종 맥주 캔이나 쓰레기를 던진다. 죽음을 목전
에 둔 '패배자'에게 보내는 야유다.

화려한 무대 뒤에서 벌어지는 가혹행위

투우는 과정 내내 동물학대가 이어진다. 경기에 출전하기 전의 소들
을 깜깜한 상자 속에 하루나 이틀을 꼼짝할 수 없게 가두어 두는 것은
공공연한 사실이다. 그런데 그게 전부가 아니다.

투우사의 인명피해를 막고 손쉽게 죽일 수 있도록 경기 전에 소의
힘을 약화시키기 위해 신체를 훼손하는 가혹행위를 하는 것이 관행
이 된 지 오래다. 그중 대표적인 것이 소의 공간지각능력을 약화하기
위해 뿔을 갈거나 목을 잘 쓸 수 없도록 목의 힘줄을 자르는 것이다.
1997년 이에 대한 수의학적 조사를 하려고 하자 전문 투우사 230명
이 소속된 스페인투우사협회the Confederation of Bullfighting Professional는 조
사에 반대하는 파업을 한 적도 있다. 시야를 흐리게 하기 위해 눈에 바
셀린을 바르고, 잘 듣지 못하도록 젖은 신문지로 귀를 틀어막거나 콧
구멍에 솜을 집어넣어 호흡을 제한하기도 한다. 중심을 잡지 못하도록
다리에 부식성 용액을 바르거나, 민감한 생식기에 바늘을 꽂아서 움직

스페인의 유명한 투우사 디에고 우르디알레스가 소를 죽이기 직전의 모습. 작살이 꽂힌 소의 목과 등의 상처에서 피가 흥건하게 흘러내리고 있다. ⓒ연합뉴스

임을 어렵게 하는 경우도 있다. 또한 경기를 재미있게 연출하기 위해 기운이 없는 소에게는 흥분제를 투여하고 너무 사납거나 과도하게 흥분한 소에게는 투우사의 안전을 위해 진정제를 투여하기도 한다.

즉, 투우 경기에 나오는 소는 우리가 생각하는 것처럼 코에서 김을 뿜으며 달려드는 힘이 세고 폭력적인 야수가 아니라는 뜻이다. 자신이 처한 상황을 이해하지 못해 혼란스럽고 불안한데다 이미 당할 대로 당한 고문으로 아프고 지쳐 있는, 극도로 겁에 질린 동물일 뿐이다. 깜깜한 곳에 갇혀 불안함에 떨던 소는 경기장으로 통하는 문이 열리면 살기 위해 빛이 보이는 곳으로 온 힘을 다해 질주한다. 그러나 고통의 끝인

줄로만 알았던 불빛 너머에서 기다리는 것은, 그들에게는 고문과 같은 한 시간이 넘도록 진행되는 투우 경기와 자신의 죽음 앞에 환호하는 관중들이다.

투우사 혼자 맨손으로 건강한 소와 이른바 '맞짱'을 뜨는 것이 아니라 창, 작살, 칼로 무장한 장정 6명과 겁에 질리고 지칠 대로 지친 소와의 싸움이라니. 싸움이라기보다는 학대라는 단어가 더 어울리지 않을까.

'전통'은 악습에 면죄부를 주는 마법의 단어가 아니다

투우가 '전통'이라는 주장과 '동물학대'라는 주장이 팽팽히 맞서는 가운데 투우에 반대하는 목소리가 점점 거세지고 있다.

스페인에서 투우는 단지 동물학대에만 국한된 이슈가 아니다. 정치적 성향에 따라 나라의 전통이라는 보수당과 동물학대라는 진보당의 찬반논란이 거세다. 분리 독립을 주장하고 있는 자치주 카탈루니아 의회는 2010년 투우를 금지하는 법안을 통과시켰다. 이는 단순히 투우의 동물학대에 반대하기 때문이 아니라 '카탈루니아는 스페인이 아니다'라는 의지의 표현이기도 했다. 그러나 스페인 보수당은 카탈루니아의 투우 금지법에 위헌 소송을 제기했고, 2016년 10월 스페인 헌법재판소는 투우 금지는 지방정부가 아니라 중앙정부가 결정해야 한다면서 위헌이라는 판결을 내렸다. 좌파 정부가 들어선 마드리드에서도 투우 반대 운동이 활발하다. 마드리드 시는 투우 학교와 투우에 대한 보조금 지원을 중단했고, 시민들은 투우에 반대하는 대규모 시위를 진행하고 있다. 그외에 스페인 중북부 카스티야 이 레온 지방정부는 2016

년 6월 소몰이 행사에서 소를 죽이지 못하도록 했다.

스페인 국민도 대부분 세금이 투우를 지원하는 데 쓰이는 것을 반대하는 것으로 알려졌다. 2013년 동물보호단체 휴메인소사이어티인터내셔널Humane Society International이 스페인 국민들을 대상으로 한 설문조사에서 응답자의 76퍼센트가 투우 산업을 지원하기 위해 세금을 쓰는 것에 반대한다고 답했고, 투우를 지지한다고 답한 응답자는 29퍼센트에 지나지 않았다.

투우 경기의 수요도 감소 중이다. 스페인 문화부의 집계에 따르면 2007년부터 2011년까지 연간 열리는 투우 경기의 횟수는 3,650회에서 2,290회로 감소했다. 스페인 내에서 동물보호의식이 확산되고 있으며, 계속되는 불황으로 여행객이 감소하면서 2016년 팜플로나의 투우 경기장은 객석의 3분의 1도 채우지 못했다고 보도되기도 했다.

투우를 금지한 나라들도 있다. 남아메리카 국가 중에서는 아르헨티나가 투우를 금지했고, 쿠바, 캐나다, 이탈리아, 덴마크, 영국, 파나마 등도 투우를 법으로 금지하고 있다. 프랑스 법원은 투우가 문화유산 명단에서 삭제되어야 한다고 판결했다. 스페인과 멕시코에서는 자체적으로 금지하는 도시들이 늘어나고 있다.

전통이냐, 동물학대냐의 논란은 우리에게도 너무나 익숙한 주제다. 여기서 우리가 생각해 보아야 할 것은 진정한 전통의 의미다. 수백 년, 수십 세기 전부터 존재해 왔다고 해서 모두 전통이라고 규정할 수 있을까?

투우와 비교할 수 있는 예로 영국에서 16세기부터 19세기까지 행해지던 '곰 괴롭히기bear-baiting'를 들 수 있다. 셰익스피어의 작품에도 등장하는 이 스포츠는 곰을 움직이지 못하게 묶은 다음 훈련된 개들이 공격해 물어뜯는 것을 군중들이 지켜보는 것이다. 그러나 1835년 〈동물학대금지법〉이 영국의회를 통과하면서 법적으로 금지되었다. 아마 요즘 세상에 영국에서 전통이기 때문에 이걸 부활시켜야 한다고 주장하는 사람이 있다면 그는 분명 정신병자 취급을 받을 것이다.

아프리카와 중동 국가에서 여성의 성욕을 억제하고 혼전순결을 지키게 하기 위해 여성의 성기를 절단하는 여성 할례는 무려 기원전부터 행해졌지만 이제 대부분의 국가에서 불법으로 규정되었다. 아직도 종교적 관습이라는 이유로 29여 개국에서 행해지고 있지만 이를 전통이라며 지지하는 사람은 찾기 힘들다. 여자의 발을 인위적으로 작게 하기 위해 헝겊으로 묶던 풍습인 전족은 중국 송나라 때 시작되어 명, 청까지 이어진 오랜 전통이지만 이제는 박물관에서나 찾아볼 수 있다.

전통은 살아 있는 생명에게 정당한 이유 없이 폭력을 가하는 행위에 면죄부를 줄 수 있는 마법의 단어가 아니다. 오래전부터 존재했다 하더라도 지금 살아가는 시대의 상식에서 벗어난 과거의 관습은 '예전에는 그랬었지' 하며 역사책 속으로 떠나보낼 줄도 알아야 한다. 오늘날을 사는 인류의 정서를 풍요롭게 하고, 대대손손 물려줄 가치가 인정되는 문화만이 노력과 비용을 들여 계승할 가치가 있는 진짜 문화이고 전통이다.

6
'내 이름을 사용하지 마라.'
제인 버킨의 이유 있는 요구

명품 패션의 소모품이 되어 버린 파충류, 악어와 뱀

명품 패션의 악어가죽 가방 사랑과 멸종된 나일악어

프랑스 고급 패션업체인 에르메스가 영국의 가수이자 배우인 제인 버킨의 이름을 따서 만든 버킨백은 고가임에도 불구하고 쉽게 구하지 못하는 가방으로 유명하다. 그런데 2016년 6월, 이 인기 있는 핸드백이 도마에 올랐다. 동물보호단체 '동물의윤리적처우를지지하는사람들 PETA, People for the Ethical Treatment of Animals'이 에르메스 사에 악어가죽을 공급하는 농장에서 자행되는 동물학대 모습을 담은 영상을 공개한 것이다. 제인 버킨은 곧 성명을 통해 "제조공정에 대한 국제기준이 마련되기 전까지 버킨백의 이름을 바꿔 달라"고 요청했다.

단체에서 공개한 영상을 보았다면 제인 버킨이 아닌 누구라도 잔인함에 몸서리쳤을 것이다. 영상에 등장하는 곳은 에르메스 소유의 가죽

온두라스의 악어 농장에서 무장을 한 관리인이 악어를 지키고 있다. ⓒ연합뉴스

공장에 악어가죽을 납품하는 아프리카 짐바브웨와 미국 텍사스 주의 악어농장이다. 좁고 더러운 콘크리트 수조의 바닥이 안 보일 정도로 빼곡히 채워진 악어는 농장동물의 공장식 축산 장면과 흡사하다. 짐바브웨 농장 관리인에 따르면 이곳에서는 1년에 4만 3,000 마리의 악어가죽을 벗기는데, 버킨백 1개를 만드는 데 악어 3마리가 필요하다고 한다.

살아 있는 악어의 가죽을 벗기는 장면은 차마 눈 뜨고는 볼 수 없다.

살아 있는 악어의 코를 잡아 누른 후 머리 뒤통수 부분을 자르고 칼을 밀어넣어 꼬리 밑부분까지 쭉 밀어 내린 다음 생가죽을 벗기는 모습은 마치 테러 단체 ISIS의 참수 장면을 연상시킨다. 이어서 목이 반 이상 잘려 나간 악어를 철제 테이블 위로 옮긴다. 이때 몸부림치는 악어의 목에서는 선홍색 피가 분수처럼 뿜어져 나온다. 영상에서 관리자는 "지금은 그나마 전기충격을 가하는 방법을 쓰지만 예전에는 그야말로 대혼란이었다"고 말한다.

미국 텍사스 주의 농장은 더 끔찍하다. 농장 관리인은 악어를 '시곗줄'이라고 부른다. 악어가죽이 시곗줄 재료로 많이 쓰이기 때문이다. 이 농장에서는 가축용 전기충격기로 악어의 머리를 쏜 후 머리 뒷부분을 칼로 잘라 가죽을 벗긴다. 역시 목이 잘리고 가죽이 벗겨지는 순간에도 악어는 의식이 남아 있어서 사투를 벌인다. 이를 조사한 동물 단체 PETA에 따르면 이 농장에서 일하는 노동자들은 악어의 척추를 골절시킨 다음 가죽을 벗기는 방법도 썼는데 척추가 부러져도 신경이 그대로 남아 있어 악어가 강하게 몸부림치면 두개골에 칼을 쑤셔 넣어 뇌를 긁어 내라는 지시를 받았다고 한다.

논란이 일자 에르메스 사는 성명을 통해 "우리가 사용하는 모든 가죽은 국제규정에 부합되는 최상의 사육환경을 제공하는 농장에서 공급받는다"고 주장했다.

악어가죽은 200년 전부터 구두와 가방을 만드는 재료로 사용되어 왔다. 미국에서는 남북전쟁이 끝나고 신발, 가방, 벨트 같은 생활용품에 대한 수요가 늘어나면서 야생 악어를 사냥해 가죽공장에서 가공하기 시작했다. 유럽에서는 제2차 세계대전 이후 경제가 회복되면서 악어가죽에 대한 수요도 높아지기 시작했다.

이때부터 아프리카 나일 강에 서식하는 나일악어부터 오스트레일리아 북부, 인도 남부, 인도네시아, 필리핀 등지에 서식하는 인도악어Salt water Crocodile까지 대규모 사냥이 이뤄졌다. 무분별한 사냥으로 1900년 중반에 악어의 야생 개체수가 세계적으로 급감하기 시작했다. 1975년 CITES의 체결로 야생에서 잡은 동물의 거래에 규제가 생기자 악어를 직접 길러 가죽을 채취하는 악어 농장이 생겨나기 시작했다.

1950년대부터 1970년대까지 절정을 이룬 나일악어 사냥은 한때 나일악어를 멸종위기로 몰아넣었다. 최근에는 그나마 개체수가 회복되고 있지만 여전히 CITES 부속서 1에 속하는 국제적 멸종위기종이다 (서식지에 따라 보츠와나, 이집트, 케냐, 남아프리카공화국 등 일부 국가에 서식하는 종은 부속서 2로 분류된다). 세계자연보전연맹에서는 1996년까지 취약종으로 분류하다가 1996년 관심필요종으로 지정했다.

명품 브랜드가 주장하는 국제규정은 믿을 것이 못 된다

악어가죽 가방, 뱀가죽 구두 같은 파충류 가죽, 패션 용어로 이그조틱스킨exotic skin에 대한 디자이너와 여성들의 사랑은 식을 줄 모른다. 에르메스뿐 아니라 구찌, 프라다 등 명품 브랜드가 내놓는 악어가죽 가방과 뱀가죽 구두는 수백만 원에서 수천만 원을 호가하는 가격에도 불티나게 팔린다.

뱀의 가죽을 벗기는 방법은 악어보다 더 잔인하다. 뱀의 단단한 피부가 늘어나도록, 며칠을 굶기고 호스를 목에 꽂아 물을 억지로 먹여서 몸이 풍선처럼 부풀게 만든다. 그런 다음 못으로 머리를 나무에 박아 고정시킨 다음 목을 잘라 가죽을 벗기는데 뱀은 다른 동물에 비해 대사율이 느리고 혈압이 낮기 때문에 뇌에 산소가 공급되지 않아도 신경손상이 늦게 온다. 따라서 몸이 떨어져 나가도 머리는 살아 있는 경우가 많다. 즉, 목이 잘리고 껍질이 벗겨져도 몸의 신경세포 하나하나는 그대로 고통을 느낀다는 말이다. 껍질이 벗겨진 뱀이 통증에 의한 쇼크나 탈수로 숨이 끊어질 때까지 몇 시간에서 며칠이 걸리기도 한다.

파충류 가죽 산업의 규모는 어마어마하다. 유엔환경계획United Nations Environment Programme의 보고서에 따르면 2002년부터 2011년까지 연평균 130만 마리의 악어가죽이 거래되었다. 2012년 국제무역센터 International Trade Centre가 발표한 보고서에 따르면 1년에 50만 마리의 비단뱀 가죽이 동남아시아에서 수출되었으며, 그 규모가 1,000만 달러, 우리 돈으로 110억 원에 육박한다.

뱀가죽의 최대 소비자는 유럽의 명품 패션업체들이다. 고급 패션 브랜드일수록 좋은 환경의 농장에서 인도적인 방법으로 길러진 동물을 사용한다며 소비자들을 안심시키지만 국제무역센터의 보고서에 따르면 비단뱀 가죽의 국제거래에 대한 단속은 너무나 미비해 제품의 생산지를 추적하는 것 자체가 거의 불가능했다.

영국의 권위 있는 파충류학자인 클리포드 워릭 박사는 영국《데일리 메일》과의 인터뷰에서 '집단사육이 어려운 파충류의 습성과 현재 시장 규모로 봐서는 소비되는 가죽의 10퍼센트만 농장에서 사육될 것'이라고 예측했다. 대부분 야생에서 포획된다는 말이다. 실제로 비단뱀의 경우 성체로 자라는 데 몇 년이 걸리고 생태적 습성이 극도로 예민하여 대량으로 사육하기에는 비용이 감당할 수 없을 정도로 많이 들기 때문에 비단뱀 농장은 찾아보기 힘들다. 그러다 보니 사육농장이 있더라도 야생에서 포획한 동물로 수량을 보충하는 실정이다.

명품 브랜드에서 말하는 국제규정이라는 것도 믿을 것이 못 된다. 모든 악어는 CITES에서 국제적 멸종위기종으로 지정하고 있다. 또한 대부분의 비단뱀은 국제거래가 가능하긴 하지만 엄격한 규제가 따르는 부속서 2에 속하는 종이다.

CITES는 해마다 가죽 채취를 위해 포획할 수 있는 뱀의 수를 공시한다. 그런데 전문가들은 멸종위기에 처한 동물을 보호해야 하는 CITES가 너무 많은 수를 허가한다고 비판한다. 또한 인도네시아 등 동남아시아에서는 뇌물을 주고 '규정을 지켜서 포획했다'는 가짜 증명서를 발급받기 쉽고 불법 포획에 대한 수사조차 제대로 이루어지지 않고 있는 실정이다.

동남아시아에서 비단뱀을 포획하는 과정에서 원주민들은 뱀에게 물리거나 목을 졸려서 죽기도 한다. 이렇게 목숨을 걸고 잡은 뱀을 팔아 손에 떨어지는 금액은 한 마리에 우리 돈으로 고작 3만 원 정도. 수백만 원에 달하는 뱀가죽 구두, 가방을 생각하면 원주민이나 피부가 벗겨져 나가는 고통을 당하는 비단뱀에게는 밑지는 장사일 수밖에 없다.

리얼파이톤, 크록백… 동물 이름인 줄도 모르고 구매하는 소비자

잔인한 방법으로 살해된 동물의 사체는 가죽공장을 거쳐 화려한 색상의 핸드백으로, 구두로, 벨트로, 손목시곗줄로 다시 태어나 사람들의 몸에 휘감긴다. 에르메스 버킨백의 경우 그 가격이 최소 3만 3,000유로, 우리 돈으로 4,200만 원에 이르는 데도 불구하고 사려면 대기자 명단에 이름을 올린 후 한참을 기다려야 한다. 심지어 우리나라에는 한 달에 일정액을 내면 명품가방을 빌려 주는 대여업체도 생겨났다. 게다가 명품이 아니라도 20만~30만 원이면 진짜 파충류 가죽으로 만든 제품을 살 수 있고, 강렬한 무늬가 부담되는 사람들은 팔찌, 열쇠고리 같은 액세서리로 멋을 낸다.

동물가죽으로 만든 제품을 걸치고 드는 소비자들은 그것이 만들어지는 과정을 제대로 알고 있을까? 아니 자기들이 사는 제품이 동물가죽인 것은 알고 있을까? 제품명, 제품소재로 알고 있는 '파이톤'은 비단뱀의 영어 명칭이고, '크록'은 나일악어의 영어 이름인 크로커다일의 줄임말이다. 그런데 인터넷 검색창에서 '파이톤', '크로커다일'을 쳐서 검색하면 전부 '리얼파이톤 가방', '크록백' 광고다. 그러다 보니 소비자들은 이런 제품이 한때는 숨이 붙어 있던 생명이었다는 사실을 모르는 것 같다. 마치 겨울 패딩 점퍼에 적힌 '리얼라쿤'이라는 말이 너구리를 죽여서 만든 거라는 것을 모르고 사는 것처럼.

뱀, 악어 등의 파충류는 아무리 극악무도한 학대를 당하더라도 많은 관심을 받지 못한다. 털이 복실복실하고 눈망울이 동글동글한 다른 동물에 비해 동정심을 받기 힘든 신세다. 그러다 보니 이들을 대변하기 위해 목소리를 내는 사람의 수도 많지 않다. 하지만 알고 보면 이들도 똑같이 고통을 느끼는 생명일 뿐 아니라, 놀라운 습성을 지닌 매력적인 동물이다.

어미 악어는 새끼 악어가 알에서 깨어나기 전부터 3살이 될 때까지 극진히 돌볼 정도로 모성애가 강하다. 파충류로는 특이하게 마치 돌고래처럼 스무 가지가 넘는 다양한 소리로 동종 간의 의사소통이 가능한 동물이기도 하다. 그러니 동물에 대한 선호도를 떠나 세상의 어떤 생명체에게도 핸드백을 만들기 위해 산 채로 껍질이 벗겨지는 고통을 감내하라고 하는 것은 공평하지 않다.

비단뱀 무늬는 정글에서 가장 아름답다

그물무늬비단뱀의 화려한 무늬나 악어 뱃가죽의 바둑판 같은 결은 누가 보기에도 아름답다. 아무리 위대한 화가의 붓으로도 그리지 못할 표범가죽의 문양도, 풍성하고 아름다운 여우의 털도 마찬가지다. 코끼리든 다람쥐든, 어떤 동물의 모습을 보더라도 그 고유한 아름다움과 경이로움에 조물주가 있다면 찾아가서 감사와 존경의 큰절이라도 올리고 싶은 마음이 들 때가 한두 번이 아니다.

그러나 그 아름다움을 입고, 걸치고, 신고, 손목과 발목에 감기 위해 인간이 동물에게 가하는 고통과 착취의 모습은 결코 아름답지 않다. 동물이 가진 아름다움에 대한 동경은 동물의 희생을 요구하는 방법이 아니라도 얼마든지 표현할 수 있다. 만지고 싶고, 먹고 싶고, 몸에 지니고 싶은 인간의 욕심 때문에 너무나 많은 동물이 이 세상에서 이미 자취를 감추었거나, 사라질 위기에 처해 있다. 또 너무 많은 동물이 인위적인 환경에 갇혀 고통스러운 삶을 살고 있다. 비단뱀의 피부는 핸드백이 되었을 때보다 정글 안에서 우아한 곡선을 그리며 생태계의 일부로 관찰될 때 훨씬 빛나고 아름답다.

7
파리동물원에는 정신병으로 머리를 흔드는 동물은 없었다

동물이 보이지 않는 동물원, 파리동물원 탐방기

공허한 눈빛으로 쇠창살 안에서 '멍 때리는' 동물은 없었다

유리벽 앞에 모여선 관람객 네다섯 명이 벽 너머를 응시하고 있었다. 벽 너머에는 마치 작은 밀림을 그대로 옮겨놓은 듯한 풍경이 펼쳐져 있다. 그러나 그곳에 살고 있다는 퓨마는 그림자조차 보이지 않았다. 목소리를 한껏 낮춰 두런두런 이야기하며 기다리던 사람들은 곧 망설임 없이 몇 걸음 옆에 설치된 스크린 앞으로 잠시 자리를 옮겼다가 다음 동물을 찾아나섰다. 그곳에는 '비싼 입장료를 내고 들어왔는데 동물은 어디 있느냐'며 불평하는 사람은 없었다.

파리 동쪽 시내인 12구 뱅센 숲에 있는 파리동물원의 모습이다. 파리동물원은 프랑스 국립자연사박물관에 속해 있는데 아직도 파리 사람들은 예전의 이름인 뱅센동물원으로 부른다.

인류는 기원전 3500년경부터 야생동물을 모아놓고 기르기 시작했다. 2009년 고대 이집트의 수도 히에라폴리스에서 지배층이 부와 권력을 과시하기 위해 코끼리, 하마, 개코원숭이 등의 이국적인 야생동물을 모아놓고 사육한 것으로 보이는 흔적이 발견되었다. 동양에서는 기원전 1200년경 중국 주나라 때 궁 안에 6.1제곱킬로미터(185만 평)에 달하는 정원에서 국내 동물을 모아놓고 기르는 지식원知識園을 조성했다. 호랑이, 코뿔소 등의 포유류와 조류, 파충류 등 다양한 종을 사육했는데 가장 대표적인 전시물은 판다였다.

현존하는 가장 오래된 동물원으로 알려진 오스트리아 빈의 쉰브룬동물원Tiergarten Schönbrunn은 1752년 쉰브룬 궁 안에 왕족의 관상용으로 설치되었다가 1779년부터 대중에게 공개되었다. 1774년 설립된 스페인의 마드리드동물원 역시 처음에는 왕실의 소유물이었다가 1868년에 와서 시민들이 관람할 수 있게 되었다.

프랑스의 루이 14세는 전 세계에서 야생동물을 수집해 베르사유 왕궁의 관상용 동물원, 미네저리Menagerie Royale에서 사육했다. 1793년 프랑스 혁명 당시 프랑스국회는 군주나 부유층이 개인적으로 소장한 야생동물을 압수하여 베르사유 왕궁의 동물원으로 옮기거나 도살, 박제해서 파리식물원Jardin de Plantes의 과학자들에게 기증하기로 의결했다. 이 과정에서 과학자들은 일부 동물들을 죽이는 대신 식물원으로 이송해 사육하기 시작했다. 곧 베르사유 왕궁의 동물원이 폐쇄되면서 그곳에서 사육하던 동물들도 식물원으로 옮겨졌고, 이로써 파리식물원 부속 동물원이 만들어졌다. 왕실 소유가 아닌 공공의 목적으로 세워진 동물원이라는 점에서 파리동물원을 최초의 근대 동물원이라고 보는

파리동물원 기린 사육장. ©이형주

시각도 많다. 동물원이라고는 하지만 처음에는 살아 있는 동물을 케이지 안에 가두고 물건처럼 구경하는 박물관에 가까웠다. 1800년대 초에는 코끼리 등 대형동물을 들여와 전시하는 등 규모가 커지자 곧 공간의 한계에 부닥쳤고, 이를 보완하기 위해 1934년 뱅센동물원을 설립했다. 아직도 이전의 사육장과 건축물이 대부분 그대로 남아 있는 파리식물원에는 이제 크기가 작은 일부 종의 동물만 살고 있다.

뱅센동물원은 '동물들의 사육공간이 현대적 기준에 비춰 지나치게 협소하다'는 이유로 개장 80년 만인 지난 2008년 완전히 문을 닫고 자그마치 1억 3,300만 유로, 우리 돈으로 1,700억 원을 투자해 대대적인

파리동물원의 개구리 사육장. 풀, 흙, 돌, 나무 등으로 서식지와 유사한 환경을 조성했다.
ⓒ이형주

보수공사에 들어갔다. 그리고 문을 닫은 지 6년 만인 2014년 4월 파리 동물원이라는 새 이름으로 돌아왔다. 14만 제곱킬로미터(423억 5,000만 평)의 면적에 동물들을 종별이 아니라 유럽, 파타고니아, 가이아나, 마다가스카르, 사헬수단 지역에 따른 5개의 '바이오존bio-zone'으로 나누어 각 대륙에 서식하는 동물 180여 종을 전시한다.

파리동물원에서 가장 먼저 눈에 들어오는 점은 쇠창살을 찾아볼 수 없다는 것이다. 이는 런던동물원, 바르셀로나동물원 등 다른 유럽 국가의 대형 동물원의 경우에도 마찬가지인데 특히 파리동물원의 경우 개장할 때부터 당시 동물원에서 쓰이던 철창 대신 깊게 판 도랑으로 관람객과의 거리를 유지했다. 지금은 도랑 외에도 바위나 갈대숲, 밀림 등 동물의 서식지와 어울리는 식물이 동물과 사람 사이를 메우고 있다. 비록 인위적으로 조성한 것이기는 하지만 이런 자연스러운 환경과 사람과 동물 사이의 충분한 경계선은 적어도 저 안에 동물이 '갇혀 있다'는 생각이 덜 들게 한다.

최대한 서식지와 비슷하게 조성된 환경은 갇혀 있는 동물들이 고유의 습성에 따른 자연스러운 행동을 하도록 유발한다. 우리나라 동물원의 원숭이들은 자극을 줄 만한 것 하나 없는 콘크리트 바닥에 '멍 때리고' 앉아 있다면 파리동물원에서 만난 개코원숭이 무리는 어울려 놀고 싸우고 나무를 타는 등 눈에 띄게 활발했다. 다른 동물들도 마찬가지였다. 공허한 눈빛을 클로즈업한 사진으로 '감옥살이를 하는 동물의 고통을 헤아려 달라'고 대중에게 호소할 수 있을 만한 동물은 거기에 없었다. 대신 종일 땅을 파고, 헤엄을 치고, 먹이를 찾아서 먹는, 나름 활기를 띤 모습이었다.

자연과 유사한 환경을 제공하려는 노력은 인기 없는 파충류 사육장도 예외가 아니었다. 실제로 관람객들에게 얼마나 인기가 있는 동물인지에 따라 동물원의 대우가 달라진다. 보러 오는 사람이 몇 안 되는 우리나라 동물원의 파충류 전시관은 처참하다. 좁은 건 당연하고 개별 사육장이 없는 경우도 많다. 플라스틱 대야에 뱀 한 마리 덩그러니 놓인 곳도 부지기수일 정도로 파충류는 '찬밥' 신세다. 그런데 파리동물원의 개구리 두 마리가 사는 공간은 달랐다. 작은 크기의 웅덩이만 한 사육장에 돌, 흙, 풀, 나무, 물과 알맞은 온도, 습도, 채광이 갖춰진 미니어처 모양의 자연에 가까웠다.

숨겨진 먹이를 찾는 파리동물원의 늑대, 정형행동을 보이는 국내 동물원의 늑대

먹이를 급여하는 방법도 마찬가지다. 바닥에 덩그러니 놓인 물그릇, 사료그릇은 찾아볼 수 없다. 동물들은 웅덩이에서 물을 마시고, 풀을 뜯는다. 늑대 같은 육식동물은 사냥을 할 수 없는 데서 오는 무료함을 해소하기 위해 넓은 사육시설 곳곳에 마련된 '비밀장소'에 먹이를 숨겨 동물이 직접 찾도록 한다. 제한된 공간과 단조로운 환경에서 받는 스트레스를 줄이고, 자연스러운 행동을 유발하도록 하는 동물행동풍부화의 일환이다.

늑대는 감금상태에서 정형행동을 심하게 보이는 동물 중 하나다. 야생에서 늑대는 30제곱 킬로미터(907만 5천 평)가 넘는 넓은 영역을 질주하며 사냥하는 습성이 있지만, 호랑이나 코끼리처럼 인기 있는 종도 아닌 탓에 동물원의 늑대에게 허락된 공간은 대개 얼마 되지 않는다.

그래서 국내 동물원의 늑대들은 대부분 바닥에 숫자 8자를 그리며 잰걸음으로 좁은 콘크리트 사육장 안을 왔다갔다하는 정형행동을 보인다. 그러나 이곳의 늑대들은 달랐다. 늑대 3마리는 야생에서처럼 무리를 지어 먹이를 사냥하고 있지는 않았지만 먹이가 숨겨진 비밀장소를 찾으며 나름의 '먹이활동'을 하고 있었다. 사라졌던 늑대가 한참 만에 먹이를 입에 물고 나타났다. 곧 냄새를 맡은 다른 녀석이 슬금슬금 다가오니 이빨을 보이며 먹이를 사수했다. 잠시 서로 으르렁거리나 싶더니, 이미 형성된 서열 관계 탓인지 뒤늦게 밥숟가락을 걸치려던 늑대는 꼬리를 내리고 다른 먹이를 찾아나섰다. 오지 않는 잠을 억지로 청하는 듯 힘없이 누워 있다가 식사 때가 되면 철창 안으로 던져지는 생닭을 뜯거나 개사료를 먹는 국내 동물원 늑대의 모습에 익숙한 내게는 주위 자극에 반응하는 늑대를 보는 것만으로도 신선한 충격이었다.

동물이 없는 동물원?

파리동물원에서는 동물을 보기가 쉽지 않았다. 일단, 동물이 사는 공간의 면적이 매우 넓다. '사육장', '동물사'라는 이름이 무색할 정도로 넓게 펼쳐진 초원에는 크고 작은 언덕, 풀숲, 바위, 구조물 등 몸을 숨길 곳이 천지다. 관광객의 시야에 한눈에 들어오도록 사방이 뚫려 있는 우리나라 동물원과는 달리 대부분 통유리로 된 '관찰 전망대'에서만 동물을 볼 수 있다. 운 좋게도 동물이 사람 눈에 보이는 곳에서 쉬거나 전망대 근처를 걸어가는 날에나 그 모습을 볼 수 있다. 그렇지 않은 날에는 동물원에 와서 동물을 보지도 못하고 발걸음을 돌려야 한다. 대신 각 동물사 옆에는 표지판과 터치스크린이 설치되어 있는

데, 동물의 서식지와 습성에 대한 설명을 볼 수 있다. 어린이들은 손톱만 한 크기로 보이는 실제 동물보다 오히려 생동감 넘치는 화면에 더 관심을 보이는 경우가 많았다.

정말 보고 싶은 동물이라면 아예 자리를 잡고 앉아 기다려야 한다. 긴팔원숭이 전망대에서 바닥에 카메라와 노트를 끼고 가부좌를 튼 반백의 할아버지를 만났다. 유리벽 너머 나무 뒤를 가리키며 원숭이가 저기 숨어 있다고 친절하게 알려 주셨다. 얼마나 앉아계셨냐고 물으니 환하게 웃으면서 '종일'이라고 대답한다.

동물원 수의사 알렉시스 레수는 재개장 당시인 2014년 4월 파리 지역신문인《더 로컬The Local》과의 인터뷰에서 "우리는 동물원이 오락의 목적으로 동물들을 사육장 가장자리로 내모는 구시대적인 방식에 종지부를 찍었다"고 말했다.

우리나라의 경우 동물이 관람객의 시선을 피할 수 있는 공간이 아예 없는 사육장도 많다. 심지어 안을 훤히 들여다볼 수 있게 사방을 투명한 유리로 만든 사육장도 있다. 그나마 관람객에게 전시되는 외부 방사장과 내실이 분리되어 있는 동물원도 동물이 숨을 수 있는 공간으로 통하는 문을 잠가 동물들이 사람들의 시선을 피할 수 없도록 한 경우가 대부분이다.

그래서 항의를 하면 동물원 관리자는 "동물이 숨어 있으면 관람객들이 불평하기 때문에 어쩔 수 없다"는 난감한 반응을 보인다. 지자체가 운영하는 동물원일 경우 공원을 관리하는 부서를 상대로 동물이 보이지 않는다고 민원을 넣는 관람객도 있다. 동물의 주의를 끌기 위해 문을 두드리고, 큰 소리를 내고, 먹을 것을 우리 안으로 던져 넣는

흰 코뿔소 와미와 앙거스가 사는 코뿔소 사육장. 코뿔소는 보지 못했다. ⓒ이형주

원숭이 사육장 앞을 지키던 관람객. 나무 구조물은 사육장 옆 호수에 조성한 섬으로 연결되어 있어 원숭이가 이동하는 것이 가능하다. ⓒ이형주

관람객이 아직도 많다. 동물에게 조금이라도 더 편안한 환경을 제공하려면 동물원뿐 아니라 교육을 통해 관람객의 인식을 바꾸는 것도 중요함을 파리동물원에서 다시 한 번 실감했다.

'동물에게 잔인하다' 인기 동물 코끼리, 곰 전시 하지 않아

파리동물원은 재개장을 하면서 코끼리와 곰의 전시중단을 선언해 화제가 되었다. 파리동물원은 홈페이지와 언론 인터뷰를 통해 활동반경이 큰 동물을 제한된 공간에 가두는 것이 동물의 복지를 해치기 때문임을 밝혔다. 물론 큰 고양잇과 동물 등 여전히 대형동물을 전시하고 있기는 하지만 동물원이 스스로 한계를 인정하고 동물복지를 고려해 인기 종의 전시를 과감히 포기한 것은 고무적이다.

토마 그레논 프랑스 자연사박물관 관장은 2014년 4월 재개장 당시 보도자료를 통해 "20세기의 동물원이 놀이공원처럼 동물을 전시하는 것이었다면 파리동물원이 지향하는 21세기형 동물원은 동물들이 서식지에서처럼 공존하는 것"이라고 말했다. 실제로 동물원에서는 기린과 타조, 얼룩말과 흰코뿔소 등 같은 지역에 서식하는 동물들이 같은 공간에 살고 있는 것을 볼 수 있다. 대신 작은 동물이 원할 때는 큰 동물이 오지 못하는 곳으로 달아날 수 있는 구조다. 겉으로 보기에는 자유로워 보이는 사파리라도 전기철책으로 공간이 나누어져 있는 우리나라 동물원과는 대조적이다.

물론 파리동물원도 우리나라 동물원과 마찬가지로 보여 주기 위해 야생동물을 제한된 공간에 가두는 동물원이며, 그 당위성과 존재가치에 대해서는 동물보호단체와 대립각을 세우고 있다. 프랑스 동물보호단체인 동물권리재단윤리와과학La Fondation Droit Animal, Ethique et Sciences
은 2014년 4월 프랑스 라디오와의 인터뷰에서 "동물원이 생태계 보호
에 앞장서는 역할을 하는 척하는 것 자체가 사기"라며 동물원을 없애
는 대신 많은 세금을 들여 고친 정부를 비판하기도 했다.

한국에서 〈동물원법〉은 2013년 동물원 역사 100년 만에 발의되었
는데 '고작 동물일 뿐인데, 사람 편하자고 가둬 놓는 것이 대수냐'는
국회의 낡은 인식 때문에 3년을 국회에서 잠을 자다가 2016년 간신히
통과했다. 그러나 동물원 업계의 반발로 동물 쇼를 금지하고 동물복
지위원회를 구성해 자문을 받도록 하는 등 동물복지를 보장하기 위한
핵심내용은 법률안에서 다 빠졌다.

앞으로 10년, 100년, 몇 세기 후에 동물원이 어떤 모습으로 진화할
지 아니면 사라질지 아무도 장담할 수 없다. 다만, 확실한 것은 풀 한
포기 없는 차가운 콘크리트 바닥 위에 멍하니 앉아 죽을 날을 기다리
는 동물의 모습, 고개를 좌우로 흔들며 정신병과 평생을 싸워야 하는
동물의 모습을 보는 것은 교육적 의미가 전혀 없다는 것이다. 동물원
은 동물이 고유의 모습과 습성을 유지할 수 있는 환경을 제공할 때에
만 교육과 보전의 의미가 있다. 인간의 필요에 의해 동물원이 존재한
다면 적어도 동물에게 고통을 주지는 말아야 한다.

8
돌고래가 야생동물에서
쇼 동물로 바뀌는 슬픈 현장

일본 다이지, 돌고래 사냥의 현장을 가다

작은 어촌 다이지의 돌고래 사냥

일본 와카야마현의 다이지는 인구가 3,500명밖에 되지 않는 작은 어촌 마을이다. 다이지는 비슷한 크기의 마을 중 세계에서 가장 유명한 지역일 것이다. 그 이유는 다름 아닌 돌고래 사냥 때문이다.

다이지에서는 매년 9월부터 이듬해 3월까지 돌고래를 사냥한다. 와카야마 현은 전통이라는 명분을 내세워 매년 2,000마리가량의 고래를 포획하는 것을 허가한다. 포획 대상이 되는 돌고래는 수족관 전시용으로 가장 인기가 많은 큰돌고래를 포함해 낫돌고래, 알락돌고래 등 총 7종이다. 2015년~2016년 사냥철에 사냥을 허가한 돌고래 수는 1,873마리였다. 다이지에서 돌고래 사냥을 관찰한 활동가들의 기록에 따르면 2015년 9월부터 2016년 2월까지 이루어진 41번의 사냥에서 총

만에 갇힌 돌고래 무리. 그중 공연용으로 쓸 돌고래는 산 채로 포획되고 나머지는 도살된다. ©DolphinProject.com

782마리의 돌고래가 포획되었다. 그중 664마리가 식용으로 도살되고, 118마리는 수족관 전시용으로 산 채로 포획되었다.

　돌고래 사냥은 크게 두 가지 순서로 이뤄진다. 먼저 돌고래 떼를 발견하면 배를 이용해서 만에 몰아넣는 배몰이 작업을 한다. 매일 새벽, 12척의 배가 출항해 연안에서 30킬로미터 밖까지 나가 돌고래 떼를 찾는다. 돌고래를 발견하면 배들은 일렬로 늘어서서 엔진에서 검은 연기를 뿜으며 추격을 시작한다. 배에는 쇠로 된 장대가 장착되어 있는데, 이 장대를 물에 담근 채로 윗부분을 망치로 쳐서 소음을 유발한다. 청각이 예민하고 음파를 탐지하는 능력이 뛰어난 돌고래는 소음 때문에 불안감에 휩싸여 배들이 모는 방향으로 헤엄치게 된다. 이 작업 때문에 일본의 돌고래 사냥 방법을 배몰이 사냥이라고 한다.

　배몰이로 돌고래 떼를 만에 가두는 작업이 끝나면 이어서 포획과 도살이 시작된다. 전시용으로 쓰일 돌고래를 고르는 날에는 수족관에서 일하는 조련사들이 와서 원하는 돌고래를 먼저 고른다. 나머지는 도살 대상이 된다. 매년 SNS(사회관계망서비스)를 통해 다이지의 상황을 생중계하는 돌고래 보호단체 돌핀프로젝트DolphinProject에 따르면 어망에 갇힌 돌고래가 50마리 이상 되거나 전시용 돌고래의 생포가 이뤄지는 날에는 돌고래의 힘이 빠지도록 하루이틀 정도 바다에 그대로 두었다가 도살한다.

　돌고래를 도살할 때는 보통 꼬리지느러미를 잡아 거꾸로 들어올린 다음 목 부분을 칼로 찌른다. 그러나 바닷물이 피로 시뻘겋게 물드는 사진이 언론에 공개되면서 국제적인 비난이 일자 칼로 찌른 부위를 코르크 마개로 막는 방법을 쓰고 있다. 피가 퍼지는 것을 막는 것이다.

2016년 1월 26일에 일어났던 돌고래 살육 현장. 이 날 60마리가 넘는 줄무늬돌고래 떼가 어망에 갇혔다.
ⓒDolphinProject.com

도살된 돌고래는 해체장으로 옮겨져 고기로 포장된 후 주로 지역 내에서 유통되고 소비된다.

돌고래 포획을 직접 보기 위해 다이지로

2014년 10월, 나는 일본에서 돌고래가 어떻게 잡히고, 어떤 과정을 거쳐 우리나라 수족관으로 옮겨지는지를 직접 취재하고, 사람들에게 알리기 위해 오사카 행 비행기를 탔다. 오사카에서 기차를 타고 다이지에 도착하자마자 숨 가쁘게 달려간 곳은 다이지 항이 한눈에 내려다보이는 절벽이었다. 3주 전에 포획되어 해상 가두리에 잡혀 있던 참돌고래 두 마리가 수족관으로 옮겨질 것이라는 정보에 현장에 있던 동물보호단체 활동가들은 아침부터 비상이었다.

망원경으로 가두리 상황을 관찰했다. 배를 타고 도착한 조련사들은 가두리 안의 돌고래를 잡아 '슬링Sling'이라 부르는 걸개에 지느러미를 고정시켜 옮길 준비를 시작했다. 돌고래는 수면 위로 올라왔을 때 머리 뒤에 있는 분기공을 통해 숨을 쉰다. 그런데 잡힌 돌고래는 분기공을 수면 밖으로 밀어올리는 것도 힘에 부친 듯 보였다. 힘없이 둥둥 떠 있는 돌고래의 피부에는 화상을 입는 것을 방지하는 흰색 물질이 발라져 있었다. 며칠을 태풍에 시달린 돌고래 두 마리는 조련사의 손길에 저항할 힘조차 없어 보였다.

돌고래를 양옆에 매단 배는 돌핀리조트라는 수족관 쪽으로 향했다. 이동하는 동안 조련사는 돌고래의 몸이 마르지 않도록 쉬지 않고 물을 끼얹었다. 수족관 앞에는 대형 크레인이 준비되어 있었다. 크레인은 걸개에 걸린 채 움직이지도 못하는 돌고래를 하늘 높이 치켜들어

올렸고, 돌고래는 곧 천장이 뚫린 수족관 건물 안으로 사라졌다. 순식간에 '야생 돌고래'가 '수족관 돌고래'로 변하는 순간이다. 두 마리 중 한 마리는 아직 몸이 다 자라지도 않은 어린 돌고래였다.

바다에서 수족관으로, 하루아침에 바뀐 참돌고래의 운명

이 돌고래들의 운명이 바뀐 날은 9월 26일이었다. 오전부터 돌핀프로젝트 페이스북에는 그물에 잡힌 참돌고래 떼의 사진과 함께 그들의 운명을 애도하는 글이 올라왔다. 일본에서 9월 들어 다섯 번째 사냥이 있던 날이었다.

사냥이 있던 날은 돌고래들을 도살하기에는 물살이 세고 날씨가 궂었다. 돌핀리조트의 조련사들이 먼저 도착해 성체인 돌고래 한 마리와 어린 돌고래 한 마리를 골라 해상 가두리로 옮겼다. 이틀 동안 어망에 걸린 채 몸부림을 치다 지친 돌고래 중 15마리는 칼끝에 목숨을 잃고 고깃덩어리가 되었다.

전시용으로 생포된 돌고래는 포획업자 소유의 해상 가두리나 지역 수족관으로 옮겨져 야생성을 잃고 죽은 먹이를 받아먹도록 훈련하는 '순치' 과정을 거친다. 다이지에는 정부에서 운영하는 다이지고래박물관을 포함해 3개의 수족관이 있다. 이 수족관들은 포획된 돌고래를 사들여 조련시킨 후 다른 수족관으로 팔거나 외국 수족관으로 수출하는 일종의 중간 거래자 역할을 한다.

전시용으로 쓸 만큼 예쁘지 않고, 몸집이 작아 고기로 사용하기에도 적절하지 않은 돌고래들은 바다에 다시 내던져진다. 운이 좋아 바다로 돌아간다 하더라도 제대로 살아갈 수 있을지는 아무도 모른다. 돌고래는 사람처럼 평생을 가족으로 이루어진 무리 안에서 서로 끈끈한 유대 관계를 맺고 살아가는 동물이다. 눈앞에서 가족과 동료들이 비명을 지르며 죽어 가는 모습을 봤는데 예전처럼 아무렇지도 않게 살아갈 수는 없을 것이다. 죽은 돌고래와 마찬가지로 그들의 삶도 산산조각 나 버렸다.

수족관 돌고래 잔혹사

야생에서 돌고래는 하루에 100킬로미터 이상을 헤엄치고, 평생을 가족과 친척으로 이루어진 무리 안에서 유대관계를 맺으며 사는 사회적 동물이다. 거울에 비친 자기 모습을 인식할 정도로 자의식이 높고 관념적인 사고도 가능하다. 살아 있는 물고기를 사냥하거나 다른 돌고래들과 집단으로 놀이를 하는 등의 습성을 보인다. 하지만 이렇게 놀라운 동물인 돌고래의 삶은 포획되는 순간 모든 것을 잃는다.

고래류 생태학자인 나오미 로즈 박사에 따르면 야생에서 포획되는 순간 돌고래의 폐사 가능성은 6배가 높아진다. 사람의 손에 의해 강제로 포획, 운송되고, 갑자기 좁은 수조에 갇히는 과정에서 돌고래는 급성 스트레스에 노출되기 때문이다. 포획된 돌고래는 살아 있는 물고기 대신 죽은 물고기를 받아먹도록 하는 순치과정을 거치는데, 이 과정에서 견디지 못하고 폐사하는 경우가 많다. 야생에서 생활하는 영역의 몇 만분의 일도 안 되는 단조로운 콘크리트 수조 안에서는 생태적 습성에 따른 모든 행동에 제약을 받는다. 그러다 보니 극심한 감금 스트레스를 받기 때문에 작은 원 모양으로 반복해서 돌거나 무기력하게 물 위에 떠 있는 이상행동을 보이게 된다.

전시용으로 생포되는 돌고래. 주위에 동료 돌고래들이 머무르는 모습이 보인다.
ⓒDolphinProject.com

　　돌고래는 사물을 음파로 감지할 수 있는 감각기관인 '소나sonar'를
통해 바다 세계를 탐지한다. 이런 돌고래에게 돌고래 쇼장에서 크게
울려 퍼지는 음악 소리와 관람객의 고함 소리는 견디기 힘든 고문과
도 같다. 또한 돌고래 배설물로 인한 오염을 막기 위해 수족관 물에 첨
가하는 염소로 인해 돌고래의 피부가 벗겨지고 시력이 나빠진다. 수조
안에서 지속적으로 시달리는 만성적 스트레스 때문에 면역력이 약해
진 돌고래는 질병에 취약할 수밖에 없다. 수조 생활로 인한 스트레스
성 위장병에 시달리는 돌고래에게 위장약과 항생제를 먹이는 것은 공
공연한 사실이다.

돌고래 쇼에서 돌고래가 조련사의 손짓에 따라 물 위로 뛰어오르고, '끼익끼익' 소리를 내며 고개를 흔드는 것을 돌고래와 사람의 교감으로 아름답게 포장한다. 그러나 지능이 높은 돌고래가 재주를 부리는 이유는 단 한 가지, 먹이를 받아먹기 위해서다. 사람과 달리 얼굴근육이 움직이지 않아서 항상 미소를 짓고 있는 것처럼 보이는 돌고래의 얼굴 뒤에 포획과 감금, 착취로 인한 고통이 가려져 있음을 쇼를 보는 사람들이 알아야 한다.

일본의 돌고래 수입 주요 고객, 대한민국

일본은 고래사냥을 전통적 식습관을 위한 사냥이라고 하지만 사실 돌고래 사냥을 유지하는 것은 전시용 돌고래 수출을 통한 외화벌이 때문이다. 고기로 유통되는 죽은 돌고래는 원화로 약 40만 원선에 거래되지만, 산 채로 잡아 훈련시킨 돌고래는 2억 원을 호가한다.

안타깝게도 우리나라는 일본에서 돌고래를 가장 많이 수입하는 나라 중 하나다. 일본 수산청 집계에 따르면 2009년부터 2014년까지 5년간 전시용으로 거래된 돌고래 760마리 중 354마리가 총 12개국으로 수출되었다. 중국이 216마리, 우크라이나가 36마리, 우리나라가 35마리를 수입해 세계 3위를 기록했다. 그외에 돌고래를 많이 수입한 국가는 러시아, 태국, 베트남, 사우디아라비아, 필리핀 순이다. 결국 상대적으로 동물복지 의식이 높지 않은 아시아나 중동 국가들이 일본의 잔인한 돌고래 사냥을 유지시키고 있는 셈이다.

세계동물원수족관협회World Association of Zoos and Aquariums는 2015년 4월 돌고래 사냥 방법의 잔인성이 협회의 윤리규정에 위배된다는 이유

로 일본동물원수족관협회Japan Association of Zoos and Aquariums의 회원 자격
을 일시 정지시키며 압박했다. 결국 일본동물원수족관협회는 협회에
소속된 동물원과 수족관이 다이지에서 포획된 돌고래를 반입할 경우
제명한다는 방침을 정했다.

그러나 두 곳의 이런 결정도 2016년 돌고래 포획 산업에 큰 영향을
끼치지 못했다.《산케이 신문》에 따르면 이미 2016년에 포획될 돌고
래 중 150마리가 브로커를 통해 두 협회에 소속되지 않은 아쿠아리움
과 동물원에 사전 매각된 것으로 드러났다. 지켜야 할 최소한의 윤리
규정도 지키지 않는 동물원, 수족관의 사육시설이 열악할 것임은 불
보듯 뻔하다.

2005년 칠레는 세계 최초로 고래류의 전시를 금지했고, 같은 해에
코스타리카도 동일한 법을 마련했다. 현재 크로아티아, 사이프러스, 헝
가리, 슬로베니아, 스위스 등의 국가에서 고래류 동물을 수족관에 전
시하는 것을 금지하고 있다. 1970년대 영국에는 36개의 돌고래 수족
관이 있었지만 비인도적이라는 인식이 확산되면서 1993년 마지막 수
족관이 문을 닫은 이후 고래류를 전시하는 시설은 자취를 감췄다. 현
재 유럽연합 소속의 27개국 중 13개국에는 돌고래 수족관이 없다. 또
한 2013년 인도는 돌고래 수족관을 개장하려는 움직임이 보이자 돌고
래를 '비인간 인격체non-human person'로 인정하고 돌고래 수족관을 금
지하는 법안을 통과시켰다.

살아 있기를 바랄 수도 죽었기를 바랄 수도 없었다

다이지에 머무르는 일주일 동안 배는 매일 빈손으로 돌아왔다. 세계

벨기에 브뤼셀에서 시민들이 일본 돌고래 사냥에 반대하고 유럽연합에 돌고래를 수족관에 전시하는 것을 금지할 것을 촉구하는 가두시위를 벌이고 있다. © DolphinProject.com

각국에서 온 활동가들은 새벽 5시에 돌고래를 사냥할 배가 출항할 때부터 다시 항구로 들어올 때까지 사냥꾼들의 일거수일투족을 관찰했다. 반대로 일본 경찰들은 활동가들의 움직임을 하루 24시간 감시하고 채증하는, 웃지 못할 진풍경도 벌어졌다. 수족관으로 옮겨진 참돌고래의 생사를 확인하기 위해 돌핀리조트에 들어가려고 시도했지만 매표소에서는 '외국에서 온 방해꾼'에게 표를 파는 것을 거부했다.

동물원이나 수족관에서는 돌고래를 전시하는 이유가 '교육'과 '보전'이라고 말한다. 그러나 다이지의 돌고래 포획을 전 세계에 알린 다큐멘터리 영화 〈더 코브The Cove〉의 주인공인 돌고래 해방운동가 릭 오베리는 "수족관의 돌고래를 보고 돌고래에 대해 배운다는 것은 미키 마우스를 보고 쥐의 생태를 공부하는 것과 마찬가지"라고 말했다. 야생 돌고래는 물 위로 뛰어올라 링을 통과하지도, 공을 갖고 재주를 부리지도 않는다. 우리가 수족관에서 보는 돌고래는 이미 자신의 모습을 잃어버린, 사람이 만들어 낸 돌연변이일 뿐이다.

돌고래가 한때 가졌던 가족, 바다, 자유, 삶. 갖고 있었던 모든 것을 하루아침에 송두리째 빼앗아 버리는 돌고래 사냥. 이 슬픔의 과정을 현장에서 본다면 전통이라는 이유로 혹은 아이들에게 보여 주기에 예쁘고 재미있다는 이유로 돌고래 사냥이 정당하다고 말할 수 있는 사람은 없을 것이다.

사냥의 순간 죽음과 삶의 문턱을 넘나들던 돌고래. 그들이 악몽과도 같았을 시간을 견디고 생존해, 남은 20년이라는 긴 시간 동안 수족관에서 살기를 바라야 하는 건지, 아니면 자유롭게 헤엄치던 바다를 그리며 일찍 눈 감기를 바라야 하는 건지 아직도 모르겠다.

9

엄마 잃은 코끼리가 넘는
슬픈 재주

동물을 학대하지 않는 공정 여행자가 되자

돌고래 체험, 바다코끼리 쇼, 원숭이 쇼, 코끼리 쇼, 흑돼지 쇼, 낙타 트 래킹…

'식사하셨어요?' 하고 묻던 사람들이 휴가철이면 '휴가 어디로 가세 요?' 하고 묻는다. 주말이면 가족, 친구, 연인들과 여행을 떠나는 사람 들로 고속도로든 공항이든 북새통을 이룬다. 최근에는 캠핑카를 타고 떠나는 여행이나 자전거 여행 등 여행문화가 조금씩 바뀌고 있지만 아 직도 휴가철이면 관광지의 환경이나 지역 주민은 몸살을 앓는 경우가 다반사다. 여기에 한 가지 추가하면 동물도 아프기는 마찬가지다.

한국인이 사랑하는 휴양지 제주도는 최근 많이 변했다. 전국에서 모 여 드는 관광객과 중국인 관광객들을 겨냥해서 우후죽순으로 생겨났 다. 이름도 희한한 각종 테마파크, 박물관, 놀이시설이 많다. 그중 유독

▲ 코끼리가 쓰러지는 연기를 하자 간호사 역할을 맡은 코끼리가 달려오는 쇼를 하고 있다. ⓒ이형주

▼ 코끼리는 생태적 습성상 네 발로 기는 자세를 취하거나 뒷발로 서지 않는다. 왜곡된 모습을 보여 주는 동물 쇼는 생동물을 오락과 착취의 대상으로 인식하게 하는 비교육적·반생태적 메시지를 전달한다. ⓒ이형주

인기를 끄는 것이 바로 동물 쇼, 동물체험이다. 제주도의 해안도로를 따라 가다 보면 바다에서 떼를 지어 평화롭게 수영하는 남방큰돌고래를 만날 수 있고, 섬 구석구석 아름다운 절경이 펼쳐져 있는데도 불구하고 인기를 끄는 것이 동물 쇼, 동물체험이라는 것이 참 씁쓸하다. 그런데 더 큰 문제는 이런 곳에서 운영되는 공연내용을 보면 사실상 입이 다물어지지 않을 정도로 비인도적이라는 점이다.

제주도 남쪽에 있는 코끼리 공연장. 10마리가량 되는 코끼리들이 공연에 등장한다. 생후 몇 년 되지 않은 자그마한 아기 코끼리부터 훈련할 때 눈 옆, 항문 주위 등 민감한 부분을 찌르는 쇠꼬챙이인 '불훅 bull hook'에 오랫동안 노출되어 생긴 상처가 완연한 늙은 코끼리까지 연령대도 다양하다. 코끼리들은 무대에 올라 테크노 음악에 맞춰 머리를 흔들고, 좁은 의자에서 물구나무를 서며, 코로 훌라후프를 돌리고, 농구를 한다. 심지어 아픈 듯한 연기를 하면 의사 복장을 한 코끼리가 달려오기까지 한다. 공연장 어디에서도 진짜 '코끼리'의 모습은 찾아볼 수 없다. 하지만 관광객들은 개의치 않는다. 오히려 더 신이 나서 음악에 맞춰 관광버스 춤을 추고 천 원짜리 지폐를 코끼리 코에 던지면서 환호한다.

눈앞에서 어미와 무리가 몰살당하는 걸 봐야 하는 새끼 코끼리

공연이 없는 시간에도 코끼리들은 쉴 수 없다. 등에 사람을 태우고 좁은 운동장을 걸으며 돈을 벌어야 한다. 코끼리 트래킹은 태국, 라오스 같은 동남아시아 관광상품에는 거의 빠지지 않는 순서다. 하지만 코끼리는 생태적 습성상 등에 무엇을 태우지 않는다. 이 코끼리들이

코끼리들은 공연이 없는 시간에도 사람을 등에 태우고 걷는 트래킹에 이용된다. ⓒ이형주

사람을 등에 태우고 걷게 되기까지의 과정을 안다면 결코 마음 편하게 등에 탈 사람은 없을 것이다.

인도, 베트남, 미얀마 등 코끼리가 서식하는 국가에서는 야생 코끼리를 포획하는 것이 금지되어 있다. 그러나 태국-미얀마 국경지역에서는 아직도 벌목이나 관광산업에 쓰기 위해 코끼리를 포획한다. 야생에서 코끼리는 어미를 중심으로 강한 모계집단을 이루고 사는데 길들이기 쉬운 어린 코끼리를 포획하려면 아기를 지키려는 어미 코끼리 등 코끼리 무리를 사살해야 한다.

잔인하게 포획된 어린 코끼리를 사람의 명령에 따르도록 길들이는 작업은 상상할 수 없을 정도로 비인도적이다. 코끼리가 사람을 두려워하도록 길들이기 위해 훈련사들은 새끼 코끼리를 자신의 몸보다도 작은 나무 상자에 구겨 넣어서 꼬박 일주일을 쇠꼬챙이로 찌르고, 매질을 하며 굶기고, 잠도 재우지 않는다. 이를 파잔phajaan이라고 부른다. 이 지옥과도 같은 가혹행위가 끝나면 코끼리의 눈은 초점을 잃고, 어미도 알아보지 못하게 된다. 기억력이 뛰어나고 거울에 비친 자신의 모습을 알아볼 정도로 자의식이 강한 놀라운 동물인 코끼리는 '사람을 등에 태우고 같은 길을 끊임없이 걷는' 동물로 다시 태어난다. 무리 안에서 사회적 관계를 맺고 사는 습성이 있지만 쇼를 하거나 사람을 태우지 않는 시간에는 평생을 줄에 묶여 외로움과 싸워야 한다.

무분별한 포획과 개발로 인한 서식지 손실로 20세기 초에는 10만 마리에 이르던 아시아코끼리의 수는 반으로 줄어들어 현재 약 4만~5만 마리밖에 남아 있지 않다.

관광산업의 부산물, 동물학대

코끼리 공연장에서 멀지 않은 곳에서 벌어지는 상황도 별반 다르지 않다. 알록달록한 옷을 입은 일본원숭이들이 차례대로 물구나무를 선 채 걷고, 관람객이 외치는 구호에 맞춰 윗몸일으키기를 하는 원숭이 쇼가 한창이다. 기계적으로 드럼을 치고, 기타를 연주하는 흉내를 내고, 그 음악에 맞춰 춤을 추는 원숭이들의 눈 속에는 공허함밖에 없다. 지시를 제대로 따르지 않는 원숭이는 진행하는 조련사에게 '바보'라고 놀림을 받고, 관중들은 폭소한다. 거울에 비친 자신의 모습을 알아볼 정도로 자의식이 강하고, 숫자 개념을 이해해 덧셈, 뺄셈이 가능할 정도로 지능이 높은 원숭이가 수년 동안 매일 똑같은 재주를 부리면서 어떤 감정을 느낄지 생각해 보는 사람은 그리 많지 않다.

이외에도 진돗개가 두 발로 서서 줄넘기를 하는 진돗개 쇼, 겁에 질린 돼지들이 우왕좌왕하며 미끄럼틀을 타고 내려오는 흑돼지 쇼, 말들이 묘기를 부리는 기마공연, 낙타 트래킹, 돌고래 체험까지. 이 정도면 제주도는 가히 '동물학대 섬'이라는 오명을 쓸 만하다.

비단 제주도만의 문제는 아니다. 외국 여행지에서도 동물학대 관광상품은 쉽게 만날 수 있다. 곰 쓸개즙을 추출해 파는 곰 농장처럼 학대여지가 명백한 관광상품뿐 아니라, 서커스, 동물 쇼, 수족관, 호랑이, 사자 등 맹수와 사진 찍기, 야생동물의 등에 타거나 그 동물들이 끄는 탈것을 타는 일 등 우리가 여행지에서 쉽게 접할 수 있는 많은 상품에서 동물학대는 눈에 띄지는 않지만 관광산업의 부산물by-product로 존재한다.

이런 관광은 '지역문화'라는 이름으로 포장되고, 관광객이 보는 앞에서 직접적인 학대가 이루어지지 않기 때문에 여행자들마저도 이것이 동물에게 고통을 주는 행위인지 모르고 소비하는 일이 부지기수다. 호랑이 옆에서 '브이'자를 그리며 찍은 사진을 페이스북에 올리면 '좋아요' 클릭 수는 늘겠지만 그 한 번의 사진을 찍기 위해 호랑이는 이빨과 손톱이 뽑히고, 매질을 당하고, 심지어 약물에 중독되는 끔찍한 삶을 살아야 한다.

공정무역에 이어 환경을 배려하고 현지인의 삶을 존중하는 공정여행의 개념이 자리를 잡아가고 있다. 공정여행을 위한 행동지침에서 현지인의 인권 존중하기, 노동착취나 성매매 투어를 하지 않기와 함께 강조되는 것이 바로 '동물을 학대하는 투어나 공연에 참여하지 않기'와 '멸종위기 동식물로 된 기념품 사지 않기'이다.

동물을 이용해 관광객의 호주머니를 노리는 업체는 대부분 '이 동물들은 좋은 환경에서 잘 보호받고 있다'는 말로 사람들이 죄책감을 느끼지 않도록 회유한다. 어떤 경우에는 '수익금은 동물을 돕는 데 쓰인다'라는 거짓말도 한다. 이것이 거짓말인지 아닌지 헷갈릴 때면 동물복지를 이야기할 때 가장 보편적으로 사용되는 개념인 '동물의 다섯 가지 자유'를 생각해 보면 된다.

- 배고픔과 목마름으로부터의 자유
- 불편함으로부터의 자유
- 고통과 질병으로부터의 자유
- 정상적인 행동을 표현할 자유
- 공포와 스트레스로부터의 자유

수레를 끌거나 공연을 하는 동물이 겉으로 보기에 직접적인 학대를 당하고 있지 않더라도 위의 다섯 가지 자유를 모두 누리고 있는지 생각하면 동물학대 상품인지 아닌지 판단할 수 있을 것이다. 이 같은 동물의 다섯 가지 자유는 우리나라 〈동물보호법〉에도 비록 선언적이기는 하지만 명시되어 있다.

'여행의 목적이 뭘까?'라는 질문을 받는다면 휴식, 성장, 발견 등의 긍정적인 단어가 떠오를 것이다. 어느 누구도 학대와 착취가 여행의 목적이라고 대답하지 않을 것이다. 마음을 채우기 위해 떠난 여행인데, 그로 인해 고통을 당하거나 상처받는 생명이 생기는 것은 모순이지 않은가. 또한 내 여행이 원주민의 지속가능한 삶에 도움이 되는지 여행에서 '공존'의 의미를 되새겨 보아야 할 때다. 동물과 나의 공존, 자연과 나의 공존, 원주민과 나의 공존. 다양한 생명체가 고유의 습성을 유지하며 살고 있는 곳으로 떠나는 여행이 진정 가치 있는 여행일 것이다.

동물을 사랑하는 인도적인 여행자가 되는 방법

떠나기 전에 확인한다

패키지 여행을 가는 경우 현지에 도착할 때까지 트래킹, 동물 쇼 등의 여정이 포함되어 있는지 모르는 경우가 많다. 여행사를 통해 여행상품을 구매할 때 반드시 동물을 이용한 관광상품이 포함되어 있는지, 쓸개즙이나 뱀술처럼 야생동물로 만든 기념품을 파는 기념품점에 가는지 미리 확인한다.

동물 쇼, 사진촬영, 투우 등 동물을 이용하는 여정은 생략한다

동물 쇼, 수족관 투어, 동물과 사진 찍기, 투우 관람과 같은 동물을 학대하는 일정은 과감하게 계획에서 뺀다. 여행지에서 동물을 보고 싶다면 배를 타고 바다로 나가는 고래 관광, 망원경을 이용한 조류관찰 등 자연 서식지의 동물을 관찰한다. 태국에는 트래킹 대신 관광산업에 이용되던 코끼리를 치료하고 보호하는 시설이 있으니 그곳을 방문해 보자.

야생동물로 만든 상품은 사지 않는다

해마다 전 세계에서 불법 거래되는 야생동물의 양은 원화로 2,000억 원 규모에 달한다. 쓸개즙, 뱀술 같은 약재나 식품, 코끼리 상아, 호랑이 모피, 악어가죽, 뱀가죽 등 야생동물로 만든 제품은 구매하지 않는다. 어떤 동물인지 모르는 가죽, 뿔, 이빨 등으로 만든 제품도 구매해서는 안 된다. 국내 반입 시 멸종위기종일 경우 관세법 위반에 해당해 처벌받는다.

적극적으로 행동한다

동물학대 현장을 목격했다면 동물의 소유주나 업체에 직접 항의하거나 지역 경찰이나 동물보호단체에 신고한다. 이때 사진이나 영상을 촬영하면 도움이 된다. 여행사를 통한 여행이었다면 반드시 여행사에 알린다. 어떤 여행사도 소비자에게 죄책감을 느끼게 하는 상품을 팔고 싶지는 않을 테니까. SNS를 통해 주위에 알리거나 외국이라면 돌아와서 해당 국가 대사관에 전자우편을 보내는 것도 변화를 가져올 수 있는 좋은 실천방법이다.

10
메르스 난리에
동물원 낙타가 기가 막혀!

구멍 뚫린 야생동물 방역, 인수공통전염병의 위험을 높인다

신종 전염병의 70% 이상이 인수공통전염병

2015년 중동호흡기증후군 메르스가 창궐하면서 별 주목을 받지 못하던 동물원의 낙타가 화제의 동물이 되었다. 보건복지부에서 '낙타와 밀접한 접촉을 피하고, 낙타고기와 낙타유 섭취를 피하라'는 현실성 없는 내용을 메르스 예방법이라고 발표했기 때문이다. 낙타고기나 낙타유는 국내에서 판매할 수 있는 축산물로 지정되지 않아 수입뿐 아니라 유통 자체가 불가능한 상황이었다.

서울대공원, 광주 우치동물원 등 살아 있는 낙타를 전시하던 동물원들도 낙타를 격리조치했다가 농림축산식품부로부터 음성 판정을 받고 격리를 해제하는 웃지 못할 풍경도 벌어졌다. 낙타는 호주, 뉴질랜드 등 일부 국가에서만 수입할 수 있도록 되어 있어서 우리나라에서 전

메르스 사태 때 한국에서 태어나고 중동에는 단 한 번도 가본 적 없는 동물원 낙타들이 격리조치되는 웃지 못할 상황이 벌어졌다. ⓒ김보경

시되는 낙타 46마리는 모두 우리나라에서 태어났거나 호주에서 수입된 개체들이다. 따라서 메르스에 감염된 사람이 동물원을 찾아서 낙타에게 감염시키지 않는 이상 중동에 가본 적도 없는 낙타들이 감염 매개체가 될 가능성은 없었다. 그렇지 않아도 좁은 동물원인데 낙타들은 영문도 모른 채 졸지에 골방 신세로 전락했다.

그러나 동물원 낙타들이 중동에 간 적이 없다고 해서 웃어넘길 일만은 아니다. 실제로 인수공통전염병에 대한 정부의 방역체계는 놀랄

만큼 허술하다. 메르스뿐 아니라 에볼라, 사스, 조류인플루엔자 등 신종 전염병은 대부분 동물과 사람 사이에 전이될 수 있는 인수공통전염병이다. 2015년 농림축산식품부가 주최한 세미나에서 국제수역 사무국의 브라이언 에반스 부사무총장은 "최근 20년간 새로 발생한 전염병의 70% 이상이 인수공통전염병인 것으로 밝혀졌다"고 말했다. 에반스 부사무총장은 무분별한 개발로 인한 야생동물의 서식지 파괴, 지구온난화와 같은 기후변화 등으로 인해 야생동물과 사람, 야생동물과 농장동물 간의 접촉이 증가하면서 신형 변종 전염병의 발생가능성이 더 높아질 것이라고 경고했다.

메르스 경우에도 박쥐의 바이러스가 사람에게 옮겨왔다는 설이 유력하다. 박쥐는 인수공통 바이러스를 가장 많이 보균하고 있는 동물로 알려져 있다. 바이러스에 대한 면역력이 강한데다 굴에 모여 사는 습성 때문에 박쥐 한 마리가 바이러스에 감염되면 급속한 속도로 빠르게 같은 무리 안에 전염된다. 메르스는 산업화로 서식지인 숲이 파괴되면서 농장으로 날아온 박쥐와 다른 동물들이 접촉하는 기회가 늘어나면서 박쥐에 존재하던 코로나 바이러스가 낙타에 전이되어 사람에게 옮겨온 것으로 알려졌다.

지난 2009년 전 세계를 떨게 한 신종플루는 원래 돼지로부터 발생한 호흡기질환 바이러스 유전자 때문에 돼지독감, 돼지인플루엔자라고 불렸다. 그런데 같은 해 4월 세계보건기구는 돼지독감의 공식명칭을 '바이러스 H1N1'으로 변경한다고 발표했다. 바이러스의 발생지인 미국과 멕시코의 돼지고기 수입을 제한하는 국가들이 생기자 미국 정부와 양돈업계가 질병의 정식명칭을 변경하라고 압박한 것이다. 돼지고기를 섭취하는 것이 직접적인 감염의 원인도 아닌데 돼지고기 소비가 줄어든다는 이유에서였다.

그러나 동물을 대량으로 생산하는 공장형 농장에서 밀집사육을 당하는 동물들 사이에서 전염병이 빨리 퍼진 것이 신종플루 확산의 근본적인 원인임을 생각할 때 돼지독감과 돼지고기는 결코 무관하다고 할 수 없다.

신종 전염병이 아닐지라도 사람에게 감염되는 병원균 중 60퍼센트 이상이 동물로부터 전염된다. 그럼에도 불구하고 우리나라에서는 야생동물 수입 시 눈으로만 진찰하는 임상검사 외에 별다른 검역을 하지 않는다. 2015년 국회 환경노동위원회 소속 장하나 의원실에서 입수한 자료에 따르면 2010년부터 2015년까지 우리나라로 수입된 야생동물 4만 6,354마리 중 질병검사를 받고 수입된 동물은 딱 두 마리뿐. 2013년 시진핑 수석이 기증한 따오기 두 마리를 제외한 나머지 동물들은 눈으로만 검사하는 임상검사만 받았다.

농림축산검역본부는 농장동물로 분류되는 동물에 대해서는 가축전염병이나 위험 인수공통질병에 대한 정밀검사를 하지만 관상용인 야생동물에 대해서는 눈으로 확인하는 검사만 실시하고 있다. 심지어 고래, 양서류, 파충류는 눈으로 하는 검사조차 이루어지지 않으니 우리나라의 동물방역이 얼마나 허술한지 짐작할 수 있다.

동물과 접촉하는 동물체험, 인수공통전염병 감염 위험 커

문제는 수입되는 동물들이 쳐다보기만 하는 관상용으로 사용되지 않는다는 점이다. 동물원은 물론이고 백화점, 동물 테마카페, 음식점 등 장소를 가리지 않고 뱀을 목에 두르고, 이구아나, 거북이 같은 동물을 만지는 동물체험 시설이 넘쳐난다.

파충류에게서 흔히 발견되는 살모넬라균은 사람에게 쉽게 전염된다. 사람이 감염될 경우, 설사, 두통, 발열, 복통 증상을 일으키는데 면역력이 약한 5살 이하의 어린이나 노인이 감염될 경우에는 치명적인 결과를 가져올 수 있다. 미국 질병통제예방센터에 따르면 2015년 1월부터 2016년 4월까지 4차례에 걸쳐 거북이를 매개로 한 살모넬라증이 유행했다. 26개 주로 퍼졌고, 살모넬라에 감염된 사람은 133명이었으며, 그중 38명이 중태에 빠졌다. 2007년 플로리다에서는 거북이를 만진 후 살모넬라에 감염된 생후 3주의 영아가 사망하는 사고도 있었다. 1975년부터 미국에서는 10센티미터 이하의 거북이를 판매하는 것을 금지하고 있으며, 미국 질병통제예방센터는 어린이가 있는 가정에서는 파충류를 반려동물로 키우지 말 것을 권장하고 있다.

돌고래와 같은 수조에 들어가는 '돌고래 체험장'도 성업 중이다. 해양포유류와의 직접적인 접촉은 마이코플라즈마 감염증, 돼지단독증, 브루셀라, 렙토스피라, 세균성 피부염 등의 인수공통감염병을 유발할 수 있다. 애초에 수입할 때부터 감염 여부가 확인되지 않은 동물들을 만지고, 동물들의 분변이 섞인 수조에 함께 들어가는 것은 위험하기 짝이 없는 행동이다. 실제로 지난 2012년 울산 장생포 고래박물관에서 폐사한 큰돌고래의 폐사 원인이 돼지단독 감염인 것으로 확인되었다. 돼지단독증은 돼지, 소, 양, 닭, 해양포유류, 사람 등 광범위한 동물에게 전염되는데 사람이 걸렸을 때 최악의 경우 전신패혈증이 올 수 있는 위험한 인수공통전염병이다.

동물과 사람 모두에게 위험한 외래종 야생동물 키우기

동물원이나 체험시설만 문제가 되는 것은 아니다. TV 동물 프로그램에서는 원숭이를 애완동물로 기르는 모습을 훈훈하게 포장해서 보여 준다. 원숭이는 거래가 금지된 멸종위기종이지만 아직도 포털사이트에서는 밀반입된 원숭이를 분양하는 카페들이 버젓이 운영 중이다. 비인간 영장류와 사람 사이에는 다른 그 어떤 동물보다 서로 간에 감염될 수 있는 병원균이 많다. HIV, 헤파타이티스 B, 뎅기열 등이 모두 비인간 영장류에서 기원한 전염병이다. 특히 불법으로 해외에서 반입되는 원숭이들은 애초 밀반입될 때부터 검역을 거치지 않아 이미 질병에 감염되어 있을 수도 있고, 어린 나이에 어미에게서 떨어진데다 비정상적인 방법으로 장시간 운송되면서 면역력이 약해져 질병에 더 취약하다. 2013년 장하나 의원의 조사에 따르면 2003년부터 10년 동안 밀수되다 적발된 국제적멸종위기종 3,462마리 중 99.9퍼센트가 폐사했다. 압수되어 세관에 계류중이던 원숭이는 전부 폐사했다.

2014년 TV 동물 프로그램인 〈TV 동물농장〉에서는 집에서 기르다가 병에 걸려 야산에 유기된 슬로로리스에 대한 이야기가 방영되었다. 이처럼 집에서 기르는 원숭이가 질병에 걸려 치료를 하려 해도 일반인이 야생동물을 진료하는 수의사를 찾는 것은 굉장히 어렵다. 이미 외래종 야생동물을 반려동물로 키우는 것이 많이 확산되어 있다. 하지만 생태적 습성상 반려동물로 기르는 것이 적합하지 않은 외래종 야생동물을 기르다가 감당할 수 없게 되면 유기하는 것은 여러 문제를 야기한다. 생태적 습성과 맞지 않는 환경에서 살아야 하는 동물에게 잔인한 일일 뿐 아니라 동물의 서식지는 물론 우리나라의 생태계까지 교란시킬 위험이 있으며 동물 전염병 확산으로 공중보건까지 위협하는 위험한 일이다.

생태계 파괴는 이종 간 전이의 원인, 근본적 대책 시급

인구 증가로 인한 각종 개발과 인간에게 먹을거리를 제공하기 위한 축산 농장의 확대가 야생동물의 서식지까지 침범해 가고 있다. 따라서 서식지와 먹이가 줄어든 야생동물은 농장까지 찾아와서 농장동물과 접촉하는 기회가 잦아졌다. 또한 야생동물을 가까이에서 보고 즐기고 싶어 하는 문화는 인간과 야생동물 간의 거리를 좁혔다.

이처럼 점점 비정상화되는 생태계에서는 부작용이 발생할 수밖에 없다. 정부는 전염병이 창궐한 후에야 애꿎은 동물을 가두거나 구경도 못해 본 고기를 먹지 말라고 광고할 것이 아니라 인수공통전염병을 체계적으로 연구하고 그에 따른 철저한 방역과 관리 대책을 상시적으로 세워야 한다.

또한 현재 우리 사회에서 사람과 동물의 관계가 지속가능한 상태로 유지되고 있는지 점검해 봐야 한다. 건전한 생태계는 인간과 동물, 환경이 조화롭게 공존할 때 유지가 가능하다. 서식지와 전혀 상관없는 도심에 살고 있는 야생동물뿐 아니라 몸을 돌릴 수도 없는 공장형 농장에서 사육되어 질병에 대한 면역력이 약해져 버린 농장동물도 구제역, 조류독감 등 전염병의 원인이 된다. 병들어 가는 생태계의 건강을 회복하기 위한 근본적인 대책 없이는 앞으로 제2, 제3의 메르스가 언제 찾아올지 모를 일이다.

11
인간의 허영심 때문에
철장에 갇혀 학대받는 사향고양이

세상에서 제일 비싼 루왁 커피의 비밀

루왁은 커피 브랜드가 아니라 동물의 이름이다

우리나라 사람들의 커피 사랑은 유별나다. 커피라고 하면 커피믹스나 커피메이커에서 내려 먹는 커피를 떠올리던 것은 옛말이 되었고, 하나둘씩 생기던 커피 전문점이 어느 사이엔가 거리를 점령해 버렸다. 이제는 세계 곳곳의 커피 원산지에서 수입한 다양한 커피 원두를 갈아서 직접 내려 먹는 핸드드립 커피를 즐기는 것이 하나의 문화처럼 자리 잡았다.

블루마운틴, 하와이안 코나 등 이름도 생소했던 커피를 취향과 그날의 기분에 따라 골라 마시는 커피 마니아가 생기면서 루왁 커피가 주목을 받고 있다. 하지만 루왁이 무슨 뜻인지 알지 못하는 사람이 많다. 루왁은 커피 종류나 원두가 생산된 지역의 이름이 아니라 놀랍게도 동물의 이름이다. 영어로는 아시안팜시벳Asian Palm Civet, 우리나라에서는 말레이사향고양이라고 불리는 사향고양잇과 동물을 서식지인 인도네시아에서는 루왁luwak이라고 부른다. 그런데 요즘은 동서양을 막론하고 루왁이 마치 커피 종류를 가리키는 고유명사처럼 쓰이고 있다. 2007년 영화 〈버킷 리스트〉에서 죽기 전에 꼭 마셔 봐야 할 커피로 등장하면서 더 유명세를 탔다.

사향고양이는 베트남, 태국, 라오스, 캄보디아, 필리핀, 인도네시아 등 동남아시아 지역에 두루 분포하는 야생동물이다. 전체적으로는 검은빛을 띠지만 양쪽 코 옆과 눈썹 위로 마치 가면을 쓴 것처럼 흰 털이 돋아나 있다. 어두울 때만 활동하는 야행성 동물인 사향고양이는 곤충이나 작은 포유류, 파충류, 새의 알뿐 아니라 과일과 커피 열매 등을 고루 먹는 잡식성 동물이다. 이 사향고양이가 들에서 따 먹은 커피 열매는 사향고양이의 소화기관을 거치면서 위산과 효소의 작용으로 단백질이 분해되어 배설되는데 이 배설된 커피콩으로 만든 커피가 루왁 커피다.

루왁 커피의 역사는 18세기까지 거슬러 올라간다. 당시 네덜란드 식민지였던 인도네시아에서 네덜란드인들이 커피 농장을 경영했는데 농장에서 일하는 가난한 인도네시아인 일꾼들은 커피를 맛볼 수가 없었다. 그래서 일꾼들은 사향고양이 배설물에 섞인 커피 열매로 커피를 만들어 마시기 시작했는데 그 특이한 향이 소문이 나면서 네덜란드인들까지 마시게 되었다.

1990년대 초 커피 무역업자들에 의해 소개되기 시작한 루왁 커피가 미국, 영국 등 서구사회를 중심으로 인기를 끌자 인도네시아에서는 야생 사향고양이를 따라다니며 분변에서 커피를 채취하는 방법을 그만

인도네시아 발리의 루왁 커피 농장에서 철창 밖을 바라보는 사향고양이. 바닥에는 사향고양이가 배설한 커피 열매가 흩어져 있다. ⓒ연합뉴스

두었다. 대신 사향고양이를 포획해 케이지에 가두고 강제로 커피 열매를 먹이는 농장을 운영하기 시작했다. 루왁 커피를 재배하는 농장이지만 사실 사향고양이 농장이라는 것이 더 적확한 표현이다. 원주민이 몇 마리씩 포획해 사육장에서 기르던 소규모 농장은 점점 대형화되고 있다. 그만큼 고통받는 사향고양이 수가 늘어난다는 의미다. 인도네시아의 이웃 나라인 필리핀, 베트남에도 200~300마리의 사향고양이를 사육하는 대규모 농장이 들어섰다. 루왁 커피가 인기를 끌자 베트남에서는 사향고양이 대신 족제비를 사육하면서 커피를 강제로 급여해서 만든 족제비 커피를 생산한다. 이곳에서 생산된 커피는 주로 우리나라, 일본, 대만, 중국 등 아시아 국가에서 소비된다.

좁은 철창 안의 사향고양이들

사향고양이들은 좁은 철창을 가로세로로 겹겹이 쌓은 배터리케이지에서 사육된다. 공장식 축산에서 닭을 키우는 방법과 같다. 자기 몸보다 조금 큰 공간에 갇혀서 강제로 급여되는 커피 열매만 먹고 배설하는 일이 전부인 삶을 살아야 하는 사향고양이들은 정신적·육체적 질병에 시달린다. 2016년 옥스퍼드 대학과 영국 동물보호단체 세계동물보호기구World Animal Protection가 인도네시아 발리의 루왁 커피 농장 16곳에서 사육하는 사향고양이 48마리의 사육환경과 건강상태를 비교한 조사에 따르면 사향고양이들은 대부분 영양실조에 시달리며, 철장 안에서 움직이지 못해 비만 증세를 보였고, 심지어 카페인에 심각하게 중독된 상태였다. 의미 없는 행동을 반복하는 정신질환인 정형행동과 자신의 팔다리를 뜯어먹고 털을 뽑는 등의 이상자해행동도 보였다.

2013년 영국 BBC 등 언론사에 의해 전 세계에 폭로되자 루왁커피 생산자연합에서는 사육장의 넓이를 2제곱미터, 높이를 2미터로 정하고 6개월 사육 후 방사하도록 지도하겠다고 밝혔다. 하지만 인도네시아에는 사향고양이 사육에 대한 법적인 규제가 없다.

야생동물 정보 데이터베이스를 제공하는 웹사이트인 동물다양성웹 Animal Diversity Web에 따르면 야생 사향고양이는 5~20제곱킬로미터, 평균 17제곱킬로미터(500만 평)의 영역에서 단독생활을 하는 동물이다. 따라서 사육 자체가 적합하지 않다. 세계동물보호기구는 인도네시아 정부에 사향고양이 포획과 사육을 규제하고, 야생에서 수확한 루왁 커피를 인증하는 '케이지-프리cage-free'인증제를 도입하라고 주장하고 있다.

인도적인 기준에 맞는 사향고양이 농장은 없다

이제 인도네시아에서는 해가 져야만 활동하는 사향고양이를 밤새도록 쫓아다니며 배설하기를 기다려야 하는 예전의 방식으로 루왁 커피를 채취하는 일은 찾아보기 어렵다. 여전히 야생에서 사는 사향고양이의 분변에서 채취되었다고 광고하지만 원두를 보고 야생인지 농장인지 판별하는 것은 불가능하다. BBC 보도에 따르면 시중에서 야생에서 채취되었다고 광고하는 루왁 커피는 대부분 농장에서 채취한 것이었다.

농장에서 키우는 사향고양이를 통해 비인도적인 방법으로 수확된 루왁 커피는 맛도 품질도 떨어진다는 것이 커피 무역상 등 전문가들의 의견이다. 루왁 커피의 향이 독특한 것은 사향고양이의 몸속에서 소화되는 과정뿐 아니라 사향고양이가 향이 좋은 커피 열매를 찾아

먹는 선택 과정 때문이기도 한데, 농장에서는 저급 원두를 강제로 급여해 그 향과 질이 떨어지기 때문이다. 미국특수커피연합Special Coffee Association America은 루왁 커피에 대해 "좋은 품질보다는 사향고양이가 배설한다는 특별한 사연 때문에 팔리는 것이 확실하다. 실제로 루왁 커피는 사향고양이가 소화하는 과정에서 발생하는 효소가 커피맛을 순하게 만드는 효과가 있을 뿐 커피콩 자체의 산미와 맛이 사라지기 때문에 품질이 좋은 것은 아니다"라고 혹평했다. 결국에는 루왁 커피라는 비싼 커피를 즐기고 싶은 허영심 때문에 애꿏은 사향고양이들이 철창에 갇혀서 피해를 보고 있는 셈이다.

450그램에 100~600달러나 하는 루왁 커피는 현지 농장주들이 무역상에게 팔 때에는 1킬로그램에 130달러 정도에 거래된다. 이러니 최저임금이 시간당 1달러도 되지 않는 인도네시아에서 사향고양이가 황금알을 낳는 거위로 보이는 것이 당연하다. 결국에는 자본주의라는 탈을 쓴 문명이 야생동물을 죽음으로 몰아넣는 것도 모자라 지역 주민까지 동물을 학대하는 삭막한 삶을 살도록 몰아가고 있는 것이다.

최근 인도네시아 발리에서는 루왁 커피가 만들어지는 과정을 관람할 수 있는 루왁 커피 체험 농장이 여행객 사이에서 인기를 끌고 있다. 관람객은 케이지 안에서 사육되는 사향고양이를 구경하고, 그들의 분변으로 만든 커피를 맛본 뒤 떠날 때는 루왁 커피 원두를 기념품으로 구매해 간다. 그렇지 않아도 열악한 사육환경에서 길러지는 사향고양이가 야행성 동물임에도 불구하고 낮에 몰려드는 관람객 때문에 몸살을 앓을 것은 당연하다. 우리나라 여행 상품 중에도 루왁 커피 농장을 방문하는 단체여행 상품이 많다.

우리나라에서도 루왁 커피를 즐기기는 어렵지 않다. 시내의 고급 호텔 커피숍에서 판매하는 루왁 커피는 한 잔에 5만 원 정도. 요즘에는 호텔이 아닌 커피 전문점에서도 다른 원두와 블랜딩한 루왁 커피를 조금 더 싼 가격에 마실 수 있다. 구입도 쉽다. 대부분의 대형 인터넷 쇼핑몰에서 루왁 커피를 판매하고 있으며 루왁 커피만 판매하는 판매업체도 많다. 최저가라 해도 원두 100그램에 20만 원 정도이니 일반 원두의 20~30배 비싼 가격이다. 판매업체 중에는 '넓고 깨끗한 환경에서 동물학대 없이 기른다'며 여러 인증마크를 받았다고 광고하기도 한다. 그러나 인도적인 기준에 맞는 사향고양이 농장이나 이를 인증하는 인증마크는 존재하지 않는다.

뜬금없이 들리겠지만 〈친구〉라는 영화에서 '그만해라, 많이 먹지 않았냐'라는 말을 방언으로 한 대사가 인기를 끈 적이 있다. 내게는 하루에도 몇 번씩 생각나는 말이다. 많은 사람이 당연하게 섭취하는 농장 동물, 춥다고 두르는 동물 털과 모피. 약으로, 구경거리로, 실험대상으로, 우리와 모습이 다른 생명을 소유하고 파괴하는 갖가지 이유에 이제는 '고급문화'를 즐기기 위한 허영심까지 더해져 우리가 보지 못하는 곳의 동물들에게까지 고통을 주고 있다. 커피 잔 속 커피처럼 루왁 커피를 마시는 사람의 마음도 우아하고 향기로운지 생각해 볼 일이다.

12
구멍 뚫린 배에서 쓸개즙을 채취당하던 곰은 구조자의 손을 꼭 잡았다

세상에 존재하는 가장 잔인한 사육방법, 사육 곰

배에 구멍이 뚫린 채로 살아가는 사육 곰

어두침침한 창고의 문을 열면 곰의 크기보다 그다지 크지 않은 케이지가 몇 줄로 늘어서 있다. 몸을 돌리기도 힘들 정도로 협소한 케이지 안에는 가슴에 흰 초승달 문양이 새겨진 곰이 갇혀 있다. 산딸기, 머루 등 과일과 도토리를 좋아해 하루 종일 산을 누비며 먹이를 찾아 먹고, 높은 나무에 올라가 휴식을 취하는 습성이 있지만, 정작 이곳의 곰들은 케이지 안에서 태어나서 한 번도 쇠창살 밖으로 나가 본 적이 없다. 배에 뚫린 구멍에서는 사시사철 고름이 흘러나오지만 사람이 다가가면 자연스럽게 배를 철창에 갖다 댄다.

미키마우스를 닮은 둥글고 큰 귀를 가진, 가슴에 하얗게 빛나는 초승달 문양 때문에 반달가슴곰이라 불리는 곰. 흙 한 번 밟아 보지 못하

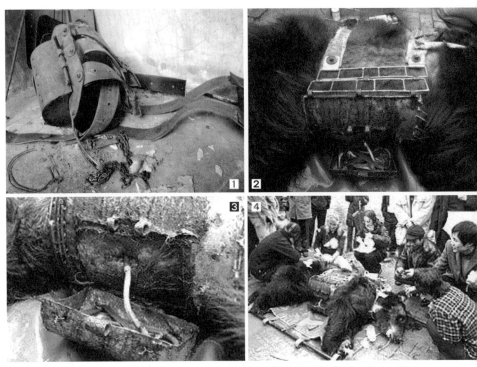

■1 더 쉽게 곰의 쓸개즙을 빼내도록 고안된 금속재킷. ■2 ■3 재킷에 장착된 카테터의 한쪽 끝은 곰의 배에 뚫린 구멍에, 다른 끝은 쓸개즙을 모으는 상자에 연결되어 있다. 금속 재킷을 입고 평생을 사는 곰은 편히 누울 수도, 팔다리를 자유롭게 움직일 수도 없다. ■4 동물보호단체가 사육 곰 농장에서 곰을 구조할 당시의 모습. ⓒAnimals Asia Foundation

고 인간에게 쓸개즙을 내주며 살다 죽을 이 동물에게 사람들이 붙여 준 이름은 '사육 곰'이다.

중국에는 정부의 허가를 받은 68곳을 비롯해 100여 개의 사육 곰 농장이 있다. 전체 농장에는 1만 마리가 넘는 반달가슴곰이 산 채로 쓸개즙을 채취당하며 비참한 삶을 살고 있다. 곰의 배에는 영구적으로 구멍이 뚫려 있는데 농장에서는 하루에 두 번씩 뚫린 구멍에 금속 바늘을 집어넣어 쓸개즙을 빼낸다. 비위생적인 사육환경과 오랫동안 지속된 상처의 염증 때문에 곰은 평생 복막염과 악석종양 등에 시달린다. 어떤 곰은 금속 재킷이라고 하는 조끼 모양의 기구를 평생 입고 산다. 이 기구에는 쓸개로 연결되는 파이프와 채취한 쓸개즙이 담기는 금속 상자가 달려 있는데 기구의 무게만 10킬로그램이 넘어 편하게 앉을 수도 누울 수도 없다.

크러시케이지라고 하는 장치는 쓸개즙을 보다 쉽게 채취하기 위해 작은 철장에 곰을 눕히고 금속 격자로 압박해 고정시킨다. 이 장치에 갇힌 곰은 걷기는커녕 일어나거나 돌아눕지도 못하고 바닥에 눌린 채 살아간다. 수년 동안 이런 과정에 익숙해진 곰은 쓸개즙을 빼기 위해 사람이 다가오면 자연스럽게 배를 쇠창살에 갖다 댄다. 그러나 케이지 안에는 목이 마를 때 물을 마실 수 있는 물그릇 하나 보이지 않는다.

이런 사육환경에서 받는 신체적·정신적 스트레스로 곰은 대부분 머

쓸개즙을 쉽게 채취하기 위해 작은 철장에 곰을 눕혀서 가두는 크러시케이지에 갇힌 재스퍼가 곰 농장에서 구조될 당시의 모습. ⓒAnimals Asia Foundation

리를 좌우로 흔드는 정형행동을 보인다. 자기 손이나 발을 뜯어먹는 자해행동, 쇠창살을 씹는 이상행동을 보이는 경우도 흔하다. 쇠창살에 갈려 나가 이빨이 없거나, 얼굴을 반복적으로 쇠창살에 문질러서 얼굴 털이 다 빠진 곰도 흔히 볼 수 있다. 이런 비인도적인 사육환경 때문에 서구사회에서는 아시아의 곰 농장을 '이 세상에 존재하는 가장 잔인한 사육방법'이라고 한다.

몸보신한다고 먹은 곰의 쓸개즙, 자칫하면 '독약'

곰의 쓸개즙은 우르소데옥시콜린UDCA이라는 간장보호 기능이 있는 물질을 함유하고 있어 중국을 비롯한 동양의학에서 약재로 쓰여 왔다. 그러나 우르소데옥시콜산은 화학적으로 합성이 가능하다. 반면 간종양, 간염, 간암, 패혈증 등의 질병에 감염된 곰의 쓸개즙은 기형적 유기물과 염증, 암세포 등으로 오염되어 있거나 피, 배설물, 털 등의 이물질이 섞여 있는 경우가 많다. 따라서 전문가들은 비위생적인 환경에서 추출된 동물의 체내 성분을 복용했을 때는 동물이 감염되어 있는 기생충 및 세균 감염의 위험이 있고, 곰에게 항생제가 과다하게 투여되어 항생제에 내성이 생긴 '슈퍼 박테리아'에 감염될 가능성이 높기 때문에 치명적인 결과를 가져올 수 있다고 경고한다.

전 세계에서 쓸개즙을 얻기 위해 곰을 사육하는 나라는 중국, 한국, 베트남, 라오스뿐이다. 베트남 정부는 2006년 곰의 쓸개즙을 얻기 위해 곰을 사육하는 것을 법으로 금지했다. 그러나 정부가 곰을 매수하는 대신 곰에게 마이크로 칩을 이식하고 쓸개즙을 채취하지 않겠다는 서류에 서명하면 농장주가 곰을 소유할 수 있게 했다. 이 허점을 이용해 아직도 애완용 곰이라고 주장하면서 불법적으로 관광객을 대상으로 곰의 쓸개즙을 파는 곰 농장이 1,200곳가량 남아있다. 최근에는 정부의 단속을 피해 베트남 곰 농장이 국경을 넘어 라오스로 옮겨가는 추세다. 라오스에서도 야생 곰을 사냥하거나 소유하는 행위는 법으로 금지되어 있지만 법의 집행과 단속은 잘 이루어지지 않고 있다.

2014년 《국제동식물계Fauna and Flora International》에 발표된 연구결과에 따르면 라오스에는 11개의 곰 농장이 운영되고 있고, 사육 곰의 수가 2008년 40마리에서 2012년 122마리로 세 배나 늘었다고 한다. 이들은 불법적인 경로로 수입되었거나 라오스 야생에서 불법 포획된 것으로 증명되었다.

곰 농장을 찾는 대부분의 사람은 한국인

중국, 베트남, 라오스의 곰 농장을 방문해 곰 쓸개즙을 구입하는 소비자는 대부분 한국인 관광객이다. 국제동물단체 아시아동물재단 Animals Asia Foundation의 조사에 따르면 해마다 약 30만 명의 한국인 관광객이 중국 옌벤(연변) 지역을 방문하고, 그중 30퍼센트가 곰 농장을 방문한다. 2014년 베트남 하롱베이에서는 곰 농장을 운영하며 한국인 관광객 앞에서 반달가슴곰의 쓸개즙을 직접 뽑아 판매한 한국인 농장주가 적발되어 처벌받기도 했다.

현재 세계에서 쓸개즙을 얻기 위해 곰을 기르는 것이 합법인 나라는 중국과 우리나라뿐이다. 사육 곰 산업은 1980년대 우리나라에서 처음 시작되어 중국으로 건너갔다. 우리나라에서는 현재 60여 개 농가에서 1,000마리에 가까운 곰이 사육되고 있다. 1981년 한국 정부는 농가소득증대정책의 일환으로 일본, 말레이시아 등지에서의 곰의 수입을 장려했다. 곰을 길러 웅담, 가죽 등을 수출하는 일종의 '가공무역'을 하겠다는 취지였다. 그러나 전 세계적인 비난에 못 이겨 1985년부터 수입을 금지했고, 1993년 CITES에 가입하면서 영문도 모른 채 한국이라는 나라로 실려 온 곰들은 발이 묶인 채 오도 가도 못하는 신세가 되었다.

정부는 곰이 태어난 지 25년이 지나면 도축해서 쓸개즙을 채취하게 되어 있던 방침을 10년으로 낮추었다. 그러나 30년이 넘도록 사육 농가는 곰의 먹이 값도 나오지 않는다고 토로하고, 곰은 곰대로 오물이 가득 찬 철장 안에서 스트레스로 서로의 팔다리를 물어뜯으며 죽을 날만 기다리고 있다. 2014년 정부는 농가에서 신청할 시 중성화수술을 해 증식을 막겠다는 계획을 세웠지만 정부가 곰을 매입해서 조금이라도 나은 환경에서 여생을 보낼 수 있도록 하라는 환경단체의 요구는 받아들이지 않았다.

반달가슴곰은 CITES 부속서 1에 속하는 국제적 멸종위기종이다. 세계적으로 야생에 남아 있는 반달가슴곰은 2만 5,000마리가 채 되지 않는다. 특히 우리나라는 1982년부터 반달가슴곰을 천연기념물로 지정해 2009년부터 지리산에서 복원사업까지 벌이고 있다. 지리산 야생에서 반달가슴곰이 살게 된다는 것은 상상만으로도 가슴 뛰는 일이지만 같은 곰인데 좁은 철창 안에 갇혀 개 사료조차 배불리 먹지 못하며 죽을 날만 기다리는 사육 곰을 생각하면 가슴이 답답하다.

2001년 곰 농장에서 구조된 재스퍼가 해먹과 개울에서 망중한을 즐기고 있다. 재스퍼는 안타깝게도 2016년 간에 생긴 악성 종양으로 세상을 떠났다. ⓒAnimals Asia Foundation

곰이 곰답게 살 수 있는 세상을 위해

1998년부터 사육 곰 구조활동을 해온 아시아동물재단은 중국과 베트남의 곰 농장에서 500마리가 넘는 곰을 구조했다. 중국 칭다오에는 이들이 운영하는 곰 보호소가 있는데 곰 농장에서 구조된 반달가슴곰 재스퍼는 15년을 크러시케이지에 눌린 채 살았다. 단체의 설립자 질 로빈슨에 따르면 2001년 곰 농장에서 구조될 때 재스퍼는 쇠창살 밖으로 손을 내밀어 자신의 손을 꼭 잡았다고 한다.

보호소에서 재스퍼는 15년을 시체처럼 누운 채 살며 사람들에게 당한 고통을 다 잊고 용서한 듯, 그 어떤 곰보다 밝은 모습으로 많은 사람들에게 웃음과 감동을 주었다. 햇살이 좋은 날에는 해먹에서 낮잠을 즐길 줄 알고, 키위와 파인애플을 좋아하지만 바나나를 내밀면 모르는 척할 정도로 넉살이 좋은 재스퍼의 이야기는 그림책으로도 나왔다. 안타깝게도 2016년 5월, 재스퍼는 간에 생긴 악성 종양으로 세상을 떠났다.

인간에 의해 학대받고 비참한 고통을 겪는 동물의 이야기를 접한 사람들은 미안하고 안타까운 마음을 '다음 세상에는 꼭 사람으로 태어나라'는 말로 대신하는 경우가 많다. 그때마다 드는 생각이 있다. 이 소중하지만 소중하게 다뤄지지 못한 생명들이 만일 다시 태어날 기회가 생긴다면, 만일 내가 감히 그들의 다음 세상에 대해 작은 의견을 갖는 것이 허락된다면, 나는 그들이 한 번은 더 같은 동물로 태어났으면 한다.

적어도 한 번은 쇠창살 안이 아닌 그들의 서식지에서 태어나 좋아하는 나무 열매도 따먹고, 여름이면 나무 위에서 나뭇가지를 끌어모아 만든 둥지에서 낮잠도 즐기고, 겨울에는 굴에서 긴 겨울잠도 자고, 개울에서 먹도 감고 새끼도 낳아 기르는, 사무치게 살고 싶었지만 살지 못했던 '곰다운' 삶을 살아볼 수 있기를 바라기 때문이다. 그래서 이 곰들이 다시 태어났을 때는 사람으로 태어나지 않은 동물은 무조건 이용당하고 고통받아야 하는 세상이 아닌, 곰이 곰답게 살 수 있는 세상을 만드는 일이 우리가 이들에게 진 빚을 갚고, 앞으로 태어날 곰들에게 미안해지지 않을 수 있는 유일한 길일 것이다.

13

범고래 틸리쿰을
누가 살인동물로 만들었나

수족관에 갇힌 고래에게 벌어지는 학대와 줄초상

디즈니랜드만큼 유명한 돌고래 쇼는 어떻게 막을 내렸나

80종이 넘는 고래류 중에 주로 수족관 전시에 쓰이는 고래류는 3종
이다. 큰돌고래, 범고래, '흰고래'라고 불리는 벨루가다. 큰돌고래는 우
리나라의 돌고래 쇼에 자주 등장해서 우리에게 가장 익숙한 모습의 돌
고래이다. 범고래는 바다의 최상위 포식자로 상어나 다른 고래류도 잡
아먹는다. 벨루가는 물속에서 아름다운 소리를 내 '바다의 카나리아'라
는 별명을 갖고 있다.

전 세계의 수족관에 갇혀 있는 고래류 동물의 수를 정확하게 파
악하기는 어렵다. 영국 동물보호단체인 본프리재단Born Free Foundation
에 따르면 현재 수족관에 전시되는 돌고래의 수는 2,000마리 이상이
다. 벨루가 227마리, 범고래 56마리가 전시되고 있고, 그외에 우리나

라에도 서식하는 상괭이 37마리, 소형 고래류인 범고래붙이false killer whale 17마리 등이 343개의 수족관에서 사육되고 있다. 돌고래 수족관이 가장 많은 나라는 일본으로 크지 않은 국가 면적에도 불구하고 수족관이 57개 있고, 그다음이 중국, 미국, 러시아 순이다. 우리나라에는 2016년 기준 8개의 수족관에서 총 41마리의 고래류를 전시하고 있다.

미국과 유럽에서는 1860년대부터 고래류를 전시하기 시작했지만 당시 돌고래들은 수족관에서 오래 생존하지 못했다. 1938년 미국 플로리다 남동부의 세인트 어거스틴에서 세계 최초로 관람객에게 입장료를 받고 돌고래를 전시하는 마린스튜디오(현재는 마린랜드로 이름을 바꿔 운영하고 있다)가 문을 열었다. 1960년대에 돌고래를 소재로 한 TV 드라마 〈플리퍼Flipper〉가 선풍적인 인기를 끌면서 돌고래 수족관이 늘어나기 시작했고 돌고래 외에 범고래를 포획해 전시하기 시작했다.

1960년 대에는 별다른 규제 없이 모터보트와 대형 어망을 동원해 폭력적인 방법으로 범고래를 포획했다. 1964년 미국 샌디에이고에 해양동물 테마파크인 시월드Sea World가 개장했고 전국으로 지점을 늘려 갔다. 처음에는 돌고래 몇 마리로 시작했지만 곧 미국과 캐나다 국경에서 범고래를 포획해 공연에 동원했다. '샤무Shamu'라는 이름의 주인공 범고래는 집채만큼 거대한 몸집으로 물을 뿜으며 뛰어오르는 시월드의 간판스타였다. 〈샤무 쇼〉는 마치 디즈니랜드처럼 미국인이라면 누구나 한번쯤 엄마, 아빠 손을 잡고 관람한 기억이 있을 정도로 미국 문화를 대표하는 상징이었다.

이후 미국 캐나다 국경에서 잡힌 수많은 범고래가 샤무라는 이름으로 〈샤무 쇼〉에 등장했는데 그중에서 가장 유명한 고래가 플로리다 올랜도의 시월드에서 사육되던 범고래 틸리쿰이다.

1972년 미국에서 〈해양포유류보호법〉이 제정되어 범고래 포획을 금지하자 시월드는 아이슬란드로 진출해 범고래 사냥을 계속하였다. 틸리쿰은 1983년 2살 때 아이슬란드에서 포획되었다.

틸리쿰은 포획된 후 브리티시컬럼비아 주의 시랜드수족관으로 옮겨졌다. 이곳에서 다른 두 마리의 암컷 범고래와 함께 조련을 받았다. 고래류는 무리 안에서 서열 관계를 형성하는데 틸리쿰은 세 마리 중 가장 서열이 낮았다. 조련사는 틸리쿰이 재주를 따라하지 못하면 벌로 세 마리를 모두 굶겼다. 그러자 도망갈 공간도 없는 좁은 수조 안에서 틸리쿰은 화가 난 두 고래에게 잔인하게 공격당했다.

야생에서 범고래는 사람을 공격하지 않는다. 그러나 수년 동안 좁은 수조에 갇혀 지속적인 굶주림과 스트레스, 다른 고래들의 따돌림과 공격에 시달린 틸리쿰은 사람에게 공격성을 보이기 시작했다. 1991년 틸리쿰은 범고래 수조에 떨어진 직원을 공격해 숨지게 했다.

사고 이후 시랜드수족관이 문을 닫으면서 틸리쿰은 올랜도에 있는 시월드로 옮겨졌다. 이곳에서 틸리쿰은 수족관 내 번식 프로그램에 정자를 제공하는 번식용 범고래로 쓰이면서 시월드에서 태어난 범고래 반 이상의 아버지가 되었다. 그런데 틸리쿰은 이곳에서도 다른 범고래들에게 지속적으로 공격당했다.

그러자 시월드 측은 쇼가 끝나면 틸리쿰을 다른 고래와 떨어뜨려 놓았다. 그런데 격리된 곳이 틸리쿰의 몸 크기만 한 좁은 보관 수조였다. 틸리쿰은 10년 동안 금속으로 된 수조 문의 빗장을 이빨로 물어뜯어 치아가 다 닳아 없어질 지경이었다.

야생에서 범고래의 등지느러미는 높이 솟아 있지만, 틸리쿰의 등지느러미는 한쪽으로 휘어 있다. 한쪽으로 휜 등지느러미는 수족관의 범고래에게서만 나타나는 현상이다. 원인에는 여러 가지 분석이 있다. 수족관의 범고래는 물표면에 있는 시간이 많아 물의 압력을 충분히 받지 못하고, 직선으로 수영하는 대신 좁은 공간을 한 방향으로 반복해서 회전하기 때문에 나타나는 현상이라는 의견이 지배적이다. 등지느러미가 공기와 열에 과다 노출되면서 지느러미를 이루고 있는 콜라겐이 줄어들거나, 운동과 수분 부족, 스트레스 때문이라는 설도 있다.

1999년에는 관람객의 시체가 틸리쿰의 등 위에서 발견되었는데 시체에는 틸리쿰에게 물어뜯긴 자국이 있었다. 11년 후인 2010년 2월, 관람객이 저녁식사를 하면서 범고래 쇼를 관람하는 〈샤무와 함께 저

녁을〉 공연 중에 틸리쿰은 15년 경력의 조련사인 돈 브랜쇼의 머리카락을 낚아채 물 안으로 끌어내렸다. 그녀는 머리가죽이 벗겨진 처참한 모습으로 시신이 되어 물 위로 떠올랐다.

틸리쿰의 이야기는 2013년 〈블랙피쉬Black Fish〉라는 다큐멘터리 영화로 만들어졌다. 이 영화를 통해 사람들은 환상적인 음악에 맞춰 물보라를 일으키는 범고래 뒤에 숨겨진 불편한 진실을 알게 되

틸리쿰의 이야기를 소재로 한 영화 〈블랙피쉬〉는 '블랙피쉬 효과'라는 단어가 등장할 정도로 범고래 전시 산업의 쇠퇴에 큰 영향을 끼쳤다.

었다. 어린 범고래가 보는 앞에서 범고래 무리가 얼마나 잔인하게 포획되고 살해되었는지, 하루에 160킬로미터를 헤엄치며 살던 고래가 서식지의 100만분의 1도 되지 않는 좁은 콘크리트 수조에 갇히면서 얼마나 큰 신체적·정신적 고통을 당했는지, 가족으로 이루어진 무리에서 유대관계를 맺고 살아야 하는 범고래가 인위적으로 각기 다른 곳에서 포획된 다른 범고래들과 같은 공간에서 사육되면서 얼마나 서로 싸우고 물어 뜯는지 등. 영화가 흥행에 성공할수록 시월드에 대한 사람들의 시선은 차가워져 갔다.

'블랙피쉬 효과'라는 신조어까지 등장할 정도로 영화가 불러온 파장은 기록적이었다. 2014년 12월 영화가 나온 지 1년 반 만에 시월드의 주가는 60퍼센트 폭락했다. 2015년 시월드는 자사의 수익이 84퍼센트 감소했다고 발표했다. 2014년 4월 캘리포니아에서는 범고래 공연을 금지하는 법안이 발의되었다. 2016년 3월, 시월드는 범고래 쇼를 전면 중단하고, 더 이상 범고래를 인공 번식하지 않겠다고 발표했다. 2016년 9월, 캘리포니아 주는 수족관에서 범고래의 번식을 금지하는 〈범고래 보호와 안전에 관한 법률〉을 통과시켰다. 이 법안은 수족관 내 번식을 금지할 뿐 아니라 오락적인 범고래 쇼까지 모두 금지하는 내용을 담고 있다. 50년간 시월드의 상징이자 미국인들의 향수였던 〈샤무 쇼〉는 그렇게 역사 속으로 사라졌다.

그러나 범고래를 해방시킨 역사적인 동물이 된 틸리쿰은 지금 이 순간에도 수조 안에서 죽어 가고 있다. 2016년 3월 시월드는 틸리쿰이 박테리아에 감염되어 위중한 상태라고 발표했다. 틸리쿰의 나이 35살. 수족관 범고래 치고는 오래 산 셈이다. 야생 범고래의 평균수명은

2011년 3월 휴식을 취하는 조련사들을 관찰하는 틸리쿰. 범고래 쇼를 사라지게 한 역사적 동물이 되었지만 지금 이 순간에도 좁은 수조에서 병으로 죽어 가고 있다. ⓒ연합뉴스

수컷은 30살, 암컷은 50살이다. 경우에 따라서는 80살에서 90살까지도 산다. 하지만 천적도 없고, 먹이를 구하지 못할 위험이 없는데도 불구하고 수족관 범고래의 92퍼센트가 25살을 넘기지 못한다. 1961년부터 200마리가 넘는 범고래가 포획되거나 번식되어 수족관에 갇혔지만 30살을 넘긴 범고래는 8마리에 불과하다.

캘리포니아 샌디에이고 시월드에는 아직 11마리의 범고래가 남아 있다. 서식지와 비슷한 환경의 보호소로 고래들을 은퇴시켜야 한다는 동물보호단체와 시민들의 요구에도 불구하고 시월드는 2017년부터 보다 교육적인 내용의 돌고래 체험을 운영할 계획이라고 한다.

죽기 전에 한 번이라도 넓은 바다에서 힘차게 헤엄치는 틸리쿰의 모습을 보고 싶은 수많은 사람들의 기대에도 불구하고 틸리쿰은 자신을 괴물로 만든 좁은 수조 안에서 눈을 감게 될 것이다.

롯데월드 아쿠아리움의 흰고래 벨로의 이야기

2016년 4월 롯데월드 아쿠아리움의 벨루가 벨로가 죽었다는 소식이 전해졌다. 벨로가 죽은 뒤 아쿠아리움을 찾았다. 동료의 죽음을 아는지 모르는지, 남은 벨루가 두 마리는 좁은 수조를 돌고 있었다. 아쿠아리움은 여느 때와 다름없이 관람객들로 붐볐다. 사람들은 동그란 머리 위로 물을 뿜는 벨루가를 보고 연신 "귀엽다"를 외쳤다. 젊은 연인들은 셀카봉을 높이 들고 벨루가가 등 뒤로 지나가는 순간을 스마트폰에 담기 바빴다. 같은 시간 거대한 동물사체로 변해 냉장고에서 부검을 기다리고 있을 벨로를 생각하니 씁쓸했다.

부검을 통해 밝혀진 벨로의 사인은 패혈증. 죽은 벨로는 5살이었다. 아직 몸이 다 자라지도 않은, 사람으로 따지면 초등학생 정도의 나이다. 롯데월드는 벨로가 '유독 면역력이 약해 평소 감기 등 잔병치레가 많았다'고 했다. 과연 벨로는 태어날 때부터 약골이었을까?

미국 시월드의 틸리쿰처럼 벨로도 2살 되던 해인 2013년에 러시아에서 우리나라로 수입되었다. 벨루가는 생후 20개월이 될 때까지 어미 곁에서 살며 모유수유를 한다. 즉, 바다에서 포획되었을 때 벨로는 어미젖도 떼지 않은 젖먹이였던 셈이다.

벨로는 롯데월드 아쿠아리움의 수족관이 완공될 때까지 강릉에 있는 송어양식장에서 1년 7개월을 갇혀 있다가 2014년 잠실 롯데월드 아쿠아리움으로 옮겨졌다. 북극해에 살던 고래가 대한민국 잠실의 수조로 영구 이주한 것이다. 벨로는 그때부터 높이 7.5미터의 원통형 수조 안에서 살았다. 한 번에 수심 20미터 깊이까지 잠수하는 벨루가에게는 욕조 정도의 크기다. 야생 벨루가는 수온의 변화에 맞춰 시속 10킬로미터로 무려 2,000킬로미터가 넘는 거리를 헤엄치며 이주한다. 롯데월드 아쿠아리움 수조의 크기로 계산해 보면 수조의 위아래를 자그마치 27만 번 헤엄쳐야 하는 거리다.

게다가 이 좁은 수조에서 벨로는 수컷 벨리, 암컷 벨라와 함께 살았다. 수컷 고래는 성적 성숙기가 되면 서로를 공격하는 성향이 있다. 따라서 한 수조에서 두 마리 이상의 고래류를 사육하면 개체 간 싸움으로 다치거나 스트레스를 받는 경우가 많다. 힘센 놈에게 괴롭힘을 당하는데도 몸을 피할 공간이 없는 그곳에서 고래들은 그야말로 궁지에 몰린 쥐 신세가 된다.

2015년, 롯데월드 아쿠아리움에서 수컷 2마리가 암컷을 공격하는 장면을 목격했다는 관람객의 증언이 보도되기도 했다. 여수 한화 아쿠아플래닛에서도 수컷 벨루가 2마리가 암컷을 공격해 암컷 벨루가를 보관 수조에 격리 수용했다. 자신이 선택할 수 있는 것이라고는 단 한 가지도 없는 환경. 이런 환경에서 과연 면역력이 강해 건강한 삶을 살 수 있는 동물이 몇 마리나 될까?

2016년 4월, 롯데월드 아쿠아리움에서 촬영한 벨루가. 벨로는 죽고 벨라와 벨리만 남았다.
ⓒ이형주

수족관에서 이어지는 벨루가 줄초상

벨루가는 북극해에 서식하는 동물로 러시아, 그린란드, 북아메리카 해안에서 발견된다. 벨루가는 세계자연보전연맹 적색목록과 CITES에 등재된 멸종위기종이다. 그러나 러시아 정부는 해마다 외국의 수족관과 해양 테마파크에 수출할 용도로 벨루가를 포획한다. 러시아 정부에 따르면 2013년에는 연구를 명목으로 18마리, 판매 용도로 245마리, 총 263마리를 포획했다. 포획된 벨루가는 중국, 우리나라 같은 아시아 국가로 수출된다. 전 세계적으로 몇 마리의 벨루가가 수족관에서 사육되고 있는지는 집계된 바가 없지만 중국에만 적어도 114마리 이상이 사육되고 있는 것으로 추산된다. 우리나라에서는 2011년 여수 아쿠아플래닛이 러시아에서 3마리를 수입한 것을 시작으로 거제 씨월드에서 4마리, 롯데 아쿠아리움에서 3마리를 수입했다.

수족관에 사는 벨루가의 폐사율이 높다는 사실은 이미 과학적으로 여러 번 입증되었다. 야생 상태의 벨루가는 50살까지도 살지만 수족관의 벨루가는 30살을 넘기는 일이 거의 없다. 수족관에서 번식된 벨루가는 폐사율이 65퍼센트에 달한다.

2015년 미국에서는 수족관 벨루가의 부고가 줄을 이었다. 2월 올랜도의 시월드에서 나눅이라는 이름의 벨루가가 다른 벨루가와 싸우다 입은 턱 상처에 염증이 생겨 죽었다. 같은 해 10월 조지아 아쿠아리움에서는 21살의 암컷 벨루가 마리스가 돌연사했다. 아쿠아리움 측은 마리스의 건강에 아무런 이상이 없었다고 했다. 11월에는 샌안토니오 시월드에서 불과 2살짜리 벨루가 스텔라가 폐사했다. 동물보호단체 PETA에 따르면 스텔라는 1993년부터 샌안토니오 시월드에서 폐사한

13번째 벨루가였다.

2016년 4월 미국 수산청은 〈해양포유류 보호법〉 개정을 통해 러시아 오호츠크 해에 서식하는 벨루가를 '고갈종depleted'으로 지정할 것임을 밝혔다. 외국 영해에 서식하는 동물의 보호를 위해 법까지 개정하는 것은 이례적이다.

미국 수산청은 지난 2013년 조지아 아쿠아리움이 벨루가 18마리를 수입하겠다는 신청을 반려했다. 수입허가가 벨루가의 야생 개체군에 부정적인 영향을 미칠 것이 확실하기 때문이라는 이유에서였다. 또한 수입할 18마리 중 5마리의 벨루가가 포획 당시 1살 반으로 수유가 끝나지도 않았고 아직 어미에게서 독립조차 하지 못했을 것으로 보인다는 것도 수입을 허가하지 않은 이유다.

돈벌이에 혈안이 된 기업과 불편한 진실을 외면하는 사람들의 합작품

"야만적이고 잔인한 짐승은 창살 뒤에 있지 않고 창살 앞에 있다."

스웨덴의 문호 악셀 문테의 말이다. 그러나 나는 동의하지 않는다. 수조 앞에 서서 두 팔을 활짝 벌리고 좋아하는 아이들의 본성은 야만적이고 잔인하지 않다. 아기 때 엄마 품에서 납치되어 좁은 수조에서 죽어 간 벨로의 이야기를 알게 된다면 분명 아이들은 눈물을 흘리며 슬퍼할 것이다.

야만적인 것은 돈벌이에 혈안이 되어 멸종위기 동물을 모유도 떼기 전에 새끼를 어미에게서 포획해서 씨를 말리는 기업의 민낯이다. 더불어 잔인한 것은 먹고 살기 바쁘다는 핑계로 불편한 현실을 애써 외면하는 어른들의 마음이다.

진정한 교육은 진실을 기반으로 이루어진다. 벨루가의 귀여운 미소 뒤에 숨겨진 슬픈 진실을 숨기고 겉모습만 보여 주는 것은 교육이 아니라 거짓일 뿐이다. 남은 벨라와 벨리가 담긴 푸른 수조를 배경으로 사진을 찍는 것보다 한때 그곳에 살았지만 어린 나이에 세상을 뜰 수밖에 없었던 벨로의 이야기를 아이들에게 들려주는 것이 훨씬 더 소중하고 값진 교육이다.

14
코끼리의 영혼은
모진 학대로도 빼앗을 수 없다

상처 입은 코끼리들의 보금자리, 코끼리자연공원

쇼 하다가 부상당하면 구걸, 끊이지 않는 학대

많은 사람들이 가장 좋아하는 동물로 코끼리를 뽑는다. 산만한 덩치에 긴 코와 펄럭이는 귀를 가진 코끼리는 어린이들에게는 선망의 대상이다. 모성애가 극진하고, 동료가 죽으면 장례의식을 지낼 만큼 끈끈한 유대관계를 맺고 살아가는 놀라운 동물이다. 그러나 우리가 볼 수 있는 코끼리는 어떤가. 동물원 창살 안에 혼자 갇혀 몸을 앞뒤로 흔들거나, 여행지에서 지친 표정으로 등에 의자를 얹고 사람을 태운 채 마지못해 걷는 코끼리는 진짜 코끼리의 모습이 아니다. 나는 몇 년을 별렀던 행복한 코끼리를 보기 위한 여행을 결심했다.

2016년에 태국 북부 치앙마이 근교에 있는 코끼리자연농원Elephant Nature Park을 찾았다. 이곳은 1995년 태국 태생의 코끼리 보호 운동가

코끼리 두 마리가 개울가에서 서로 소통하는 모습. ⓒ이형주

인 렉이 설립한 곳으로 학대받는 코끼리를 구조해 편안한 여생을 보낼 수 있도록 하는 야생동물 보호소다. 약 12만 평의 대지에 코끼리 69마리, 물소 70여 마리, 개 500여 마리, 고양이 200여 마리, 돼지 한 마리를 보호하고 있다.

보호소에서 숙소로 보내 준 버스를 타고 한 시간 남짓 달려 코끼리 자연공원에 도착했다. 봉사활동을 시작하기 전에 보호소를 걸으며 보호소 코끼리들의 사연을 들었다. 태국에서 코끼리들이 관광산업에 동원되는 과정에서 겪는 학대는 비교적 잘 알려져 있다. 며칠을 묶어 놓고 굶기고 때려 어린 코끼리의 야생성을 없애는 파잔 의식이나 명령을 따르게 하려고 피부를 찌르는 쇠갈고리인 불훅 사용 등이 그것이

혈연관계가 없는 코끼리들끼리 삼삼오오 무리를 이루어 생활한다. 암컷 코끼리 사이에서 어린 코끼리가 장난을 치며 놀고 있다. ⓒ이형주

다. 그러나 그게 전부는 아니다. 코끼리 한 마리 한 마리가 겪은 슬픈 과거는 상상을 초월할 정도로 끔찍했다.

　태국, 미얀마, 버마 등 동남아시아 국가에서 코끼리는 수백 년 동안 벌목산업에 동원되었다. 코끼리는 중장비가 들어가지 못하는 험한 산지를 오를 수 있고, 트랙터가 지나갈 만한 도로를 내지 않고도 벌목한 나무를 옮길 수 있다. 벌목에 쓰이는 코끼리는 굶어죽지 않을 정도의 음식만 먹으며 가파른 산에서 나무를 옮기는 트랙터 역할을 한다. 이 과정에서 발이 뒤틀려 불구가 되기도 하고, 나무가 몸에 떨어져 등이 부러지거나 지뢰를 밟는 경우가 많다. 수십 년 동안 계속된 미얀마 정부군과 소수민족 반군의 내전으로 매설된 지뢰가 많아 태국과 미얀마

부상으로 앞발이 굽은 코끼리. 보호소에는 쇠사슬에 묶여 살았거나 포획당할 때 부상을 입어 발이 불구가 된 코끼리들이 많다. ⓒ이형주

국경 지역에는 지뢰 사고가 잦다.

1960년대부터 이어진 과도한 산림파괴와 불법 벌채로 1988년 대홍수 피해를 입은 태국은 1989년 전국적으로 벌목을 금지했다. 벌목은 금지되었지만 그렇다고 코끼리들이 해방된 것은 아니다. 오히려 하루아침에 직업을 잃은 코끼리들은 관광업체로 팔려 나가거나 구걸하는 코끼리가 되어 거리로 내몰렸다. 상아를 채취하기 위해 불법 도살되기도 했다. 아직도 국경 지역에서는 불법 벌목장이 운영되고 있다.

트래킹이나 공연에 쓰이는 코끼리들도 괴롭기는 매한가지다. 야생에서 코끼리는 하루에 18시간을 먹이를 먹으면서 보내지만 일하는 코끼리들은 하루에 18시간씩 노역을 한다. 코끼리는 하루에 200킬로그램에 달하는 먹이를 먹고 수백 리터의 물을 섭취해야 하지만 오염된 도시 한복판에서는 불가능한 얘기다. 굶주림과 갈증, 스트레스와 소음에 시달리며 혼란스러운 삶을 살아야 한다.

벌목 코끼리든 트래킹장의 코끼리든 그들이 겪는 고통은 한 곳에서 끝나지 않는다. 병들고 다쳐 하던 일을 할 수 없게 되면 곧장 다른 업종에 취업해야 한다. 지뢰를 밟아 발이 없어진 코끼리는 거리로 내몰려 앵벌이에 동원되고, 맞아 가며 재주를 부리던 코끼리는 늙으면 트래킹장에서 사람을 태운다.

자신의 이름을 딴 서커스단에서 스포트라이트를 받으며 쇼를 하던 암컷 코끼리 럭키는 쇼장의 강한 조명 때문에 시력을 잃었다. 장님이 된 럭키는 번식장으로 팔려가 사지가 틀에 묶인 채 여러 마리의 수컷과 강제로 교미를 당했다. 아직도 몸 밖으로 빠져 나온 생식기의 분홍빛이 뒷다리 사이로 선명하게 보였다.

시리, 태국어로 자유라는 뜻의 이름의 코끼리는 한 발로 서는 재주를 부리다 자신의 육중한 몸을 견디지 못해 주저앉는 사고를 당했다. 시리는 그 사고로 불구가 되어 더 이상 쇼를 할 수 없게 되자 곧장 거리로 나가 바나나를 구걸해 돈을 버는 신세가 되었다. 그마저도 할 수 없게 되자 주인은 시리를 헐값에 보호소로 넘겼다.

그나마 시리는 운이 좋은 편이다. 코끼리자연공원에는 위급한 상태의 코끼리를 보고 구조를 요청하는 전화와 이메일이 하루에도 몇 통씩 쏟아지지만 학대당하는 코끼리를 모두 구하기에는 돈도 시설도 부족하다. 코끼리를 구조할 수 있는 유일한 방법은 코끼리를 소유한 사람에게 돈을 주고 사오는 것이다. 보통 코끼리 한 마리의 거래가격이 우리 돈으로 1억 원 정도인데 늙고 병들어 더 이상 써먹을 수 없는 상태의 코끼리는 3분의 1 가격에 살 수 있다. 이런 이유로 보호소의 69마리 코끼리 중 몸이 성한 코끼리는 몇 마리 되지 않았다.

벌목 코끼리로 끔찍한 일을 겪고 실명한 조키아의 단짝 친구 매펌

야생에서 코끼리는 혈연관계로 된 무리를 이루어 생활하는데 이곳의 코끼리들은 혈연관계가 아닌데도 자기들끼리 무리를 이룬다. 전혀 본 적도 없는 코끼리들이 대여섯 마리씩 뭉쳐서 가족을 이루기도 하고, 때로는 어른 코끼리가 새끼 코끼리의 유모 역할을 자청하기도 하며, 때로는 단짝 친구가 되기도 한다.

벌목에 쓰이던 조키아는 임신 11개월의 몸으로 나무를 끌다가 조산하는 바람에 갓 태어난 새끼 코끼리가 산 밑으로 굴러 떨어지는 사고를 당했다(코끼리의 임신 기간은 24개월이다). 뱃속에서 나오자마자 사고를 당한 새끼가 살았는지, 죽었는지 확인하러 가지도 못하고 줄에 묶인 채 계속 일을 해야 했던 조키아는 우울증에 걸렸다. 더 이상 움직일 의지를 보이지 않는 조키아에게 마훗(코끼리를 조련하는 사람)은 새총으로 한쪽 눈을 쏘며 노동을 강요했다. 그래도 말을 듣지 않자 결국 남은 한 눈도 칼로 후벼 파 버렸다.

결국 보호소로 오게 된 조키아는 앞이 보이지 않아 아주 작은 소리에도 깜짝깜짝 놀라고, 먹이를 실은 트럭이나 자원봉사자 일행이 다가와도 '끼익, 끼이익' 소리를 내며 불안감을 표시한다. 그런데 그럴 때마다 어디선가 어김없이 '꾸우웅-' 하는 굵은 울음소리가 들려온다. 바로 단짝친구 매펌이다. 벌목 코끼리였던 매펌은 보호소에서 조키아

수박을 먹는 코끼리. ⓒ이형주

를 만난 순간부터 자식처럼 돌봤다고 한다. 조키아가 불안해할 때마다
소리를 내서 '괜찮아, 놀랄 필요 없어'라는 신호를 보냈다. 매쁨은 식
사 때가 되면 높은 소리로 조키아를 부르고, 개울가로 목욕을 갈 때도
잊지 않고 조키아를 챙겼다.

　힘든 노역도, 모진 학대도 앗아갈 수 없는 코끼리들의 아름다운 영
혼. 그 앞에서는 인간의 존재가 작고 초라하다.

진정한 동물과의 교감은 생명 존중

　이틀 동안 내게 주어진 임무는 비교적 간단했다. 코끼리와 걷고, 코
끼리가 개울에서 목욕할 때 물을 끼얹는 일이었다. 개울이 얕아 덩치

자원봉사자들이 코끼리의 몸에 물을 끼얹고 있다. ⓒ이형주

가 큰 코끼리는 몸을 완전히 담글 수 없어 사람들이 바가지로 물을 뿌려 준다. 물과의 마찰로 코끼리 피부에 붙은 모기 알을 떼어 내는 효과도 있다. 70살이 넘어 건초를 소화하지 못하는 코끼리가 먹을 주먹밥을 만들고 나르기도 했다.

공간이 넓다 보니 많이 걷는 것 외에는 육체적으로 힘이 들지 않았다. 코로 모래를 뿌려 더위를 식히고, 떼를 지어 진흙목욕을 하고, 등으로 나무둥치를 긁는 코끼리들의 모습을 코앞에서 볼 수 있다니 오히려 봉사라기보다 호사에 가까웠다.

일주일 단위의 장기 봉사자에게는 더 많은 일이 주어진다. 어마어마한 양의 코끼리 똥을 치우는 일부터 보호소 안에서 벌어지는 공사를 돕는 일, 트럭에서 먹이를 내리고 운반하는 일 등 상황에 따라 임무도 달라진다. 반려동물을 다루는 것이 더 익숙하다면 개들을 산책시키고 돌보는 활동만 신청할 수도 있다. 수의사는 의료봉사도 가능하다. 봉사기간이 길수록 하루 체류비용이 적게 드는 것도 장점이다.

동물은 물론 지역 주민과 난민 등 약자를 위한 보호소

이곳 코끼리자연공원은 동물뿐 아니라 지역 주민들에게도 경제적으로 도움을 준다. 이곳에서 동물들이 먹어 치우는 농작물은 하루에 4톤. 자연공원은 근처 농가에서 생산하는 건초, 옥수수, 신선한 과일을 소비하고 지역 주민을 고용해서 지역공동체를 유지한다. 미얀마 전쟁 난민들을 코끼리를 다루는 조련사로 고용하고, 그 가족들이 태국에 정착할 수 있도록 지원하기도 한다. 코끼리를 보호하는 것과 더불어 지역 주민과 약자들을 위한 보호소로 운영해 나가고 있는 것이다.

반면 태국에는 수백 개의 코끼리 트래킹업체가 운영 중이고, 보호소가 있는 치앙마이에도 100개가 넘는 트래킹장이 있다. 이들을 먹여 살리는 것은 중국인과 한국인 관광객이다. 그런데 최근에는 코끼리 트래킹의 동물학대가 많이 알려지면서 코끼리 보호소로 위장하는 업체가 늘고 있다. 케어care, 구조센터rescue center 등의 이름을 내걸고 관광객의 불편한 마음을 조금이라도 덜어 보자는 장삿속이다.

정말 코끼리를 사랑한다면 코끼리 등에 타거나 코끼리가 등장하는 공연을 보는 대신 코끼리 보호소를 방문해 보자. 동물과의 교감은 단지 동물과 가까이 있다고 느껴지는 것이 아니다. 동물도 고통에서 자유로울 권리가 있는 나와 같은 생명체임을 이해하는 것이 진정한 교감이고 동물사랑이다.

자원봉사가 가능한 코끼리 보호소

야생동물보호소라고 하면 문턱이 높을 것 같지만 그렇지 않다. 홈페이지를 통해 짧게는 당일치기부터 길게는 일주일까지 내게 맞는 봉사 프로그램을 골라 신청할 수 있다. 자원봉사라도 참가비를 내야 하는데 참가비는 보호소를 운영하고 코끼리를 구조하는 기금으로 사용된다.

태국
코끼리자연농원(Elephant Nature Park)
www.saveelephant.org

분랏코끼리보호소(Boon Lott Elephant Sanctuary)
http://www.blesele.org/

BEES 코끼리보호소(BEES Elephant Sanctuary)
http://www.bees-elesanctuary.org/

태국야생동물의 친구(Wildlife Friends of Thailand)
http://www.wfft.org/

코끼리세상(Elephants World)
http://www.elephantsworld.org/

캄보디아
캄보디아코끼리보호소(Elephant Sanctuary Cambodia)
http://www.saveelephant.org/elephant-sanctuary-cambodia/

코끼리밸리프로젝트(The Elephant Valley Project)
http://www.elephantvalleyproject.org/

15

복제견은 정말
죽은 우리 개일까?

뛰어난 복제기술을 지닌 한국에 필요한 것은 생명윤리와 동물복지

복제동물은 건강하고 행복할까?

체세포 복제기술을 사용해 죽은 반려견도 복제할 수 있는 복제견 시대가 열렸다는 기사가 종종 미디어에 등장하는 요즘. 반려동물을 잃고 '펫로스pet-loss'로 괴로워한 경험이 있거나 노견을 기르며 이별을 걱정하는 사람들에게 내 개와 똑같은 개를 기를 수 있다는 소식은 귀가 솔깃할 만한 뉴스다.

반려견 복제는 난자에 복제하기를 원하는 개의 체세포를 주입해 만든 복제수정란을 대리모 개의 난관에 이식하는 과정으로 이루어진다. 과연 이런 방식으로 반려견을 복제하면 막장 드라마에서 죽은 줄 알았던 사람이 살아 돌아오듯 완벽하게 똑같은 개를 다시 얻을 수 있을까?

현재 전 세계에서 반려동물 복제 서비스를 제공하는 유일한 기관

서울대학교에서 복제한 복제견 스너피(오른쪽)와 체세포를 제공한 타이. ©연합뉴스

2곳이 우리나라에 있다. 황우석 박사가 이끄는 수암생명공학연구원과 서울대학교 수의대다. 서울대학교는 특수목적견 위주로 복제를 하는 반면 수암생명공학연구원은 2005년 복제견 스너피를 시작으로 700여 마리의 반려견을 복제하는 데 성공했다고 밝히고 있다. 현재 반려견 복제 서비스를 이용하는 사람은 주로 외국인이다. 한 마리당 10만 달

러, 우리 돈 1억 2,000만 원을 지불하면 프랑켄슈타인처럼 복제된 개를 구입해 갈 수 있다.

논란이 되는 것은 복제한 개의 건강이다. 수암생명공학연구원 관계자는 언론을 통해 복제동물의 건강에는 아무 문제가 없다고 주장하고 있다. 그러나 복제된 반려동물이 수명이 다할 때까지 건강한 삶을 살 수 있을 것인가에 대해서는 아직 과학적으로 검증된 바가 없다.

외국에서는 반론을 제기하는 목소리가 높다. 2008년 유럽식품안전청에서는 동물복제가 대리모, 복제동물의 건강과 복지에 심각한 영향을 미친다고 발표했다. 특히 잦은 유산, 질병, 신체적 기형과 결함, 낮은 생존율 등을 강조했다. 이에 2015년 유럽의회는 농장동물의 복제를 법적으로 금지하는 권고안을 의결했다.

돌리는 세계 최초로 체세포복제를 통해 태어난 복제 양이다. 그런데 전 세계의 주목을 한몸에 받으며 태어난 돌리의 탄생을 기억하는 사람은 많아도 죽음을 기억하는 사람은 많지 않다. 돌리의 어미는 277개의 배아를 이식한 끝에 겨우 13마리의 임신에 성공했는데 그중 살아남은 것은 돌리 단 한 마리였다. 설상가상으로 태어난 돌리는 나이에 비해 노화가 빠르게 진행되었고, 퇴행성 관절염 등 갖가지 질병을 앓으며 살다가 결국 '노화에 의한 폐질환'으로 안락사 당했다. 양은 평균 10년에서 20년까지 산다. 죽을 때 돌리의 나이는 겨우 6살이었다.

미국식품의약국의 보고 및 관련 논문에 따르면 복제된 동물의 3분의 1이 호흡장애, 저혈당증, 면역체계 약화, 얼굴기형, 굴건단축(굴건이 짧아서 발목이 뒤로 굽은 질환), 간·신장·심장 등의 기형 등을 갖고 태어난다. 또한 복제동물에게 대표적으로 나타나는 유전병 중에는 복제된 동물의 크기가 비정상적으로 큰 라지오프스프링신드롬Large Offspring Syndrome도 있다. 부작용으로 큰 새끼 동물이 태어나다 보니 장기의 크기도 비정상적으로 커져 호흡과 순환 기능에 장애가 생기는 등 여러 가지 합병증의 원인이 된다.

한 가정의 행복을 위해 수백 마리의 동물에게 고통을 주는 일

영국의 왕립동물보호협회, 미국의 휴메인소사이어티 등 세계적인 동물보호단체들은 체세포를 착상시켜 복제동물을 만드는 과정이 난자를 제공하는 도너doner 동물과 대리모 동물에게 큰 고통과 스트레스를 준다고 지적했다. 동물 한 마리를 복제하기 위해 수많은 동물이 희생되는 문제를 제기한 것이다. 특히 개는 체외배양이 어려워서 난자를 제공하는 개의 배를 가르는 개복수술을 해서 배란된 난자를 꺼내야 한다. 이렇듯 수많은 시도 끝에 한 번의 성공 케이스가 만들어지지만 그 과정에서 몇 마리의 동물이 희생되는지는 공식적으로 발표된 논문이 없다.

이 때문에 2008년 수암생명공학연구원과 손잡고 어머니의 반려견 미씨를 복제했던 미국 바이오아츠사의 대표 루 호손 박사는 동물복제 연구에서 손을 뗐다. 그는 20년 동안 추진한 개 복제 사업을 그만둔 이유가 "복제동물은 한 가정에 행복을 가져올 수는 있지만 대신에 수백 마리의 동물을 큰 고통에 몰아넣는 일"이었기 때문이라고 밝혔다.

또한 호손 박사는 한국의 개 복제에 대해서도 문제를 제기했다. 그는 2014년 영국의 《미러The Mirror》와의 인터뷰에서 "한국은 복제에 사용하는 개들을 식용 개 농장에서 싸게 사오고 수술이 끝나면 폐기 처분 하거나 다시 농장으로 돌려보내 식용으로 도살한다"고 말했다.

풀리처상을 수상한 미국의 탐사전문기자 존 웨스텐딕도《개 주식회사*Dog, Inc*》에서 한국은 복제견 5마리와 복제 고양이 11마리를 얻기 위해 난자를 기증하는 도너 동물로 319마리, 대리모로 214마리, 3,656개의 배아를 사용했다고 폭로했다. 그는 한국에서 개 복제기술이 발달한 이유는 개를 다루는 것에 대한 윤리적 기준이 다른 나라보다 월등히 낮기 때문이라고 지적했다.

수암생명공학연구원 측은 2015년 9월 미국 공영방송 NPR와의 인터뷰에서 수술에 사용하는 동물들이 모두 좋은 대우를 받고 있다고 반박했다. 그러나 실험동물을 어디서 구입하며 실험 후 어떻게 처리하는지를 묻는 기자의 질문에는 답변을 거부했다.

복제된 동물은 정말 살아 돌아온 내 아이일까?

그렇다면 실험에 이용되는 수많은 동물들의 생명과 엄청난 비용을 들여 만든 복제견은 과연 원래 반려견과 똑같은 존재일까?

복제견을 구입한 사람 중에는 죽은 반려견과 똑같이 행동한다며 놀라는 사람들도 있지만 같은 존재가 아니라는 의견도 만만찮다. 동일 유전자라도 환경에 따라 형질이 달라질 수 있다는 것이다. 동물의 성격과 행동은 후천적 요인에 따라 달라질 수 있다. 즉, 복제견이 죽은 반려동물의 '부활'은 아니다.

반려동물을 기르는 사람들은 '복제'라는 말에 솔깃할 만큼 반려동물을 잃는 두려움이 크다. 그러나 떠나보낸 반려동물이 그리운 이유가 유전자 때문은 아니다. 오랜 세월 함께 지내며 웃음과 눈물 등의 추억을 공유했기 때문이다. 아무리 앞선 기술도 아직 추억까지 복제하지는 못한다.

　세계적으로 앞선 독보적인 기술을 갖고 있더라도 반려동물을 잃고 슬픔에 빠진 사람들을 이용해 돈벌이를 하는 게 맞는지 의문이다. 아직 우리나라는 생명 복제 허용을 놓고 법적 규제는 물론이고 사회적 합의조차 되어 있지 않다. '세계 유일'을 강조하기 전에 우리 사회의 생명윤리와 동물복지 수준을 먼저 점검해야 한다.

16
지느러미가 잘린 채
바닷속으로 가라앉는 상어들

샥스핀, 푸아그라, 송아지고기… 퇴출되는 '잔인한 음식'과 식탁윤리

샥스핀이 없으면 연회라 할 수 없다

고급 중국음식하면 떠오르는 요리, 샥스핀이라고 불리는 상어 지느러미 요리는 중국에서는 3대 진미 중 하나다. 샥스핀의 역사는 중국 송나라 시절로 거슬러 올라간다. 손쉽게 구할 수 없는 데다 재료를 준비하는 과정에서도 특별한 기술이 필요하기 때문에 샥스핀은 황제들의 상에나 올랐는데 18세기부터 중국의 경제 사정이 좋아지면서 샥스핀은 결혼식, 연회, 중요한 회의석상에서 부와 격식을 상징하는 음식으로 자리 잡았다. 광둥 지방에는 '샥스핀이 없으면 연회라 할 수 없다'라는 말이 있을 정도다.

샥스핀 요리를 만들려면 다양한 종의 상어 등지느러미를 잘라 피부와 힘줄을 제거한 후 보다 먹음직한 모양으로 다듬고 색깔도 엷게 표백한다. 사실 상어 지느러미 자체는 특별한 맛이나 향이 없지만 다른 재료와 함께 요리했을 때 특유의 쫄깃한 식감 때문에 별미로 여겨진다.

상어는 지구상에 육상 척추동물이 존재하기도 훨씬 전인 4억 5,000만 년 전부터 바다에 살고 있었던 것으로 추정된다. 그런데 수 세기 동안 계속된 중국의 샥스핀 사랑은 상어를 멸종위기로 몰아넣었다. 2013년 과학 전문지인《해양 정책Marine Policy》에 발표된 연구에 따르면 해마다 10억 마리의 상어가 지느러미 때문에 포획된다.

세계자연보전연맹의 상어 전문가 그룹의 2014년 분석에 따르면 전 세계의 상어와 가오리 1,041종의 4분의 1이 멸종위기에 처해 있는 것으로 나타났다. 상어의 경우 465종 중 11종은 심각한 멸종위기종, 15종은 멸종위기종, 48종은 취약종으로 분류되었다. 샥스핀 채취용으로 사용되지 않는 종들은 멸종위험이 적은 것으로 나타났다.

바다에 사는 최상위 포식자인 상어는 해양생태계의 건강과 균형을 유지하는 데 중요한 역할을 한다. 먹이로 삼는 어류의 적정 개체 수를 유지하고, 해조류가 과다하게 증식하는 것을 막는다. 이런 이유로 CITES는 샥스핀 소비국인 중국과 일본의 오랜 반대에도 불구하고 2013년 샥스핀으로 사용되는 대표적인 상어 종인 귀상어를 비롯한 5종의 상어를 보호대상으로 지정했다. 2016년 회의에서는 미흑점상어, 진환도상어도 보호대상에 추가했다.

상어 사냥이 문제가 되는 또 다른 이유는 상어 지느러미를 채취하는 과정이 상상할 수 없을 정도로 비인도적이기 때문이다. 지느러미에 비해 상어고기에 대한 수요는 적기 때문에 어부들은 뜨겁게 달구어진 칼로 지느러미만 자른 후 상어를 바다에 던져 버린다.

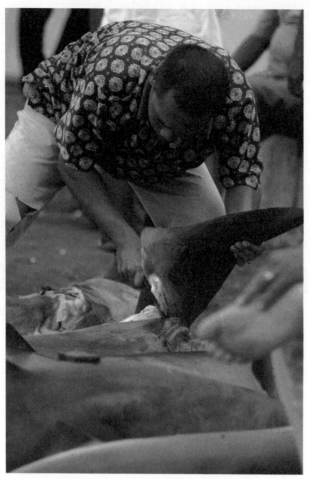

인도양에서 포획된 상어의 등지느러미를 자르고 있다. ⓒ연합뉴스

뼈의 일부나 전체가 딱딱한 뼈로 이루어진 경골어류에 속하는 대부분의 어류는 모세혈관이 모여 있는 아가미를 펌프질하듯 움직여 물속의 산소를 흡수한다. 그러나 연골어류인 상어의 아가미에는 운동기능이 없다. 그래서 쉬지 않고 헤엄을 쳐야 물이 아가미를 지나며 호흡을

지느러미가 잘린 상어의 사체가 쌓여 있다. 지느러미에 비해 상어고기에 대한 수요가 매우 적어서 상어는 대부분 지느러미가 잘린 채 다시 바다에 버려진다. ⓒ연합뉴스

할 수 있다. 또한 연골어류는 경골어류와는 달리 몸을 물에 뜨게 하는 부레가 없다. 즉, 상어는 살려면 지느러미를 끊임없이 움직이며 헤엄을 쳐야 한다.

하지만 지느러미가 잘린 채 버려진 상어는 헤엄을 칠 수가 없다. 자연히 숨을 쉬거나 먹이를 사냥할 수도 없다. 사람으로 치면 팔다리가 잘려져 바다에 내던져진 것이나 다름없다. 중심도 잡지 못하고 바닷속으로 가라앉는 상어는 과다출혈이나 질식, 굶주림으로 고통스러운 죽음을 맞는다.

샥스핀의 채취, 운송, 판매, 요리를 금지하는 국가들

2013년 유럽연합은 상어의 지느러미 채취에 대한 법안을 강화했다. 2003년 유럽연합은 유럽연합 소속 국가의 영해와 선박에서 상어의 지느러미를 채취하는 것을 불법으로 규정했다. 그러나 사전에 허가를 받고, 지느러미와 상어의 남은 사체가 함께 육지로 반입되는 경우는 이미 죽은 상어의 사체에서 지느러미를 채취하는 것이므로 허가하는 예외조항을 남겨 두었다. 2013년 유럽의회는 성명을 통해 모든 상어는 지느러미가 붙은 채로 육지로 들어와야 한다고 규정했다. 유럽연합 외에도 30개국이 넘는 나라에서 상어 지느러미 채취를 법으로 금지하고 있다.

샥스핀 요리를 판매하거나 심지어 소비하는 행위도 법으로 금지하고 있는 추세다. 미국에서는 2010년 하와이 주에서 샥스핀의 소지, 판매, 유통을 금지시킨 것을 시작으로 캘리포니아, 델라웨어, 일리노이, 매사추세츠, 메릴랜드, 뉴욕, 오리건, 텍사스 등 10개 주에서 샥스핀 판매를 금지했다. 2016년에는 초당적 법안인 '샥스핀 제거를 위한 법률 Shark's Fin Elimination Act 2016'을 발의해 연방법으로 샥스핀 거래와 판매를 금지하려는 움직임을 보이고 있다. 캐나다의 경우 2011년 온타리오 브랜포드 시에서 샥스핀의 소지와 판매를 금지한 이후 캘거리, 토론토, 미시소가 등도 같은 행보를 따랐다. 반면 토론토는 온타리오 주 고등법원으로부터 지자체의 권한에서 벗어난다는 판결을 받기도 했다.

주목할 만한 점은 샥스핀의 본고장인 중화권 국가의 변화다. 2013년 중국 정부는 공무상의 연회에서 샥스핀 요리를 내는 것을 금지시켰다. 시진핑 주석이 추진한 반부패운동의 일환으로, 전복과 함께 중국 3대 진미라고 알려진 샥스핀과 제비집 요리를 공식 접대에 사용하는 것을 중단한 것이다. 지난 30~40년 동안 멸종위기에 처한 상어를 보호하기 위해 샥스핀 거래를 금지하라고 촉구한 국제사회의 압력도 작용했다. 같은 해 홍콩 정부도 샥스핀을 공식 연회에서 금지했고 국민들에게도 소비를 자제해 줄 것을 당부했다.

샥스핀 무역과 소비에 제동을 거는 것은 정부뿐만이 아니다. 힐튼 호텔 그룹, 메리어트 호텔 그룹 등 대표적인 호텔 체인도 샥스핀 요리를 판매하지 않을 것을 선언했다. 그중에는 홍콩 최대 호텔 체인인 페닌슐라 호텔과 샹그릴라 호텔도 포함되어 있다. 결혼식 등 연회가 호텔 매출의 큰 부분을 차지하는 것을 고려할 때 결코 쉽지 않은 결정이었다. 또한 홍콩의 케세이퍼시픽 항공을 비롯해 30개가 넘는 항공사가 샥스핀 운반을 중단하는 운동에 동참하고 있다. 우리나라의 아시아나, 대한항공도 2013년 수송을 중단한다고 발표한 바 있다. 2016년 7월 중국 최대 해운사인 코스코도 샥스핀 운송을 중단한다고 선언했다.

실제로 샥스핀 소비량도 감소하고 있다. 미국의 환경보호단체 와일드에이드WildAid가 2014년 발표한 보고서에 따르면 2011년에 비해 중국의 샥스핀 소비량이 50~70퍼센트가량 감소한 것으로 나타났다. 소비국의 시민의식도 변화하고 있다. 2015년 홍콩대와 해양보호단체 블룸Bloom이 홍콩 시민들을 대상으로 실시한 설문조사에 따르면 응답자의 90퍼센트 이상이 결혼식에서 샥스핀 요리를 접대하지 않는 것이 합당하다고 대답했다.

우리나라에서도 샥스핀은 고급 중국음식점에서 쉽게 찾을 수 있는 메뉴다. 2016년 환경운동연합이 국내 특급호텔 26개에 문의한 결과

절반에 달하는 12곳에서 샥스핀 요리를 판매하고 있는 것으로 나타났다. 같은 해 8월에는 청와대 공식 오찬에서 샥스핀 요리를 접대했다. 중국 정부마저 금지한 샥스핀을 정부 공식 행사에서 내놓은 것은 그만큼 우리 정부의 해양생태계 보전의식이 심각한 수준임을 보여 준다.

샥스핀, 푸아그라, 송아지고기… 퇴출되는 '잔인한 음식'

물론 일부 중국 국민과 상어 지느러미의 수입 또는 수출업자, 중국 음식점을 경영하는 업주 측의 불만도 만만치 않다. 샌프란시스코 등 중국인이 많이 사는 도시의 식당 업주들은 '왜 서양문화에서는 푸아그라를 먹으면서 중국의 샥스핀만 공격대상으로 삼느냐'고 목소리를 높인다. 2013년 샌프란시스코의 차이나타운상업연합 등 중국계 미국인 단체는 샥스핀 금지가 특정 문화권에 대한 차별이라며 샥스핀 금지법의 철회를 요청하는 소송을 냈다가 연방법원에서 기각되기도 했다. 그러나 비인도적 방식으로 사육되거나 도살되는 동물로 만든 음식의 소비를 줄이려는 노력은 전 세계적 움직임으로 비단 상어 지느러미뿐 아니라 다른 음식도 마찬가지다. 거위 간을 비대화시키기 위해 강제 급여하는 방식으로 비난받아 온 푸아그라는 이미 본고장인 유럽에서조차 사라져 가고 있다. 오스트리아(일부 주 제외), 체코, 덴마크, 핀란드, 독일, 이탈리아, 룩셈부르크, 노르웨이, 폴란드, 터키, 영국 등의 국가에서 가금류를 강제급여 하는 방식으로 사육하는 것을 금지했다. 스위스, 스웨덴, 네덜란드 등의 국가는 푸아그라의 생산 자체를 금지하지는 않았지만 생산이 불가능할 정도로 강한 동물보호법을 갖고 있다. 유럽에서 아직도 푸아그라를 생산하는 나라는 벨기에, 루마니아, 스페인, 프랑스, 헝가리의 5개국뿐이다. 미국 캘리포니아 주는 2012 강제급여 하는 방식으로 사육된 푸아그라의 생산과 판매를 금지했지만, 푸아그라 생산업계와 식당주들의 반발로 2015년 금지를 무효화했다.

유럽연합에서는 연한 송아지고기를 얻기 위해 움직일 수도 없는 좁은 우리를 사용하는 것을 2007년부터 금지했고, 핀란드 등 북유럽 국가들은 대부분 송아지고기의 생산 자체를 법으로 금지했다. 당연시되었던 농장동물의 공장식 사육방식을 윤리적이지 않다는 이유로 법적으로 금지하는 국가도 늘고 있다. 유럽연합과 캐나다, 미국의 애리조나와 캘리포니아를 비롯한 9개 주에서는 어미 돼지를 꼼짝 못하도록 가두는 감금틀인 스톨 사육을 금지했다. 닭의 습성을 무시한 양계장의 배터리케이지 사육도 유럽연합과 스위스, 미국 캘리포니아와 미시간 주 등에서 금지되었다. 그동안 많은 사람들이 주장했던 어차피 먹을 동물인데 아무렇게나 키워서 잡아 먹으면 된다는 논리는 이제 구시대적인 것이 되었다. 이제 사람들은 식탁 위의 윤리를 고민하고 있다.

생태계에 얼마나 다양한 생물이 살고 있는지는 생태계의 건강을 나타내는 척도다. 2016년 10월 세계야생동물기금이 발표한 보고서에 따르면 1970년부터 2012년까지 전 세계 야생동물의 58퍼센트가 사라졌다. 이 추세라면 2020년까지 1970년 수준에서 3분의 2가 줄어들 수 있다고 한다. 우리가 진정 다음 세대에게 물려주어야 할 것은 다른 생명에게 고통을 주며 고집스럽게 이어온 전통과 문화가 아니라 보다 다양한 생명이 그 본연의 모습을 지키며 공존하는 세상이다. 생태계를 파괴하고 많은 이웃의 감수성에 상처를 내는 식문화는 과감히 포기할 줄도 아는 배려심이 있는 사회가 하루 빨리 오기를 바란다.

17
하프물범은 왜 사냥의
표적이 되었나

오메가3, 물범탕 등 하프물범 부산물의 최대 수입국 한국

산 채로 껍데기가 벗겨지는 어린 하프물범

해마다 봄이 되면 캐나다에서 하프물범 사냥이 시작되었다는 소식이 들려온다. 진보적인 총리가 취임해서 뭔가 달라지지 않을까 하는 기대가 무색하게 2016년 4월 10일에도 어김없이 캐나다 정부가 사냥 시즌의 시작을 선포했다.

매년 봄이면 캐나다 북동부의 뉴펀들랜드와 래브라도, 세인트로렌스 만 지역에는 얼음 위에서 새끼를 낳기 위해 하프물범들이 내려온다. 이때 캐나다 정부는 매년 사냥꾼들이 수확할 수 있는 물범의 개체수, 할당량을 공시한다. 밀가루를 묻힌 찹쌀떡처럼 동글동글한 모습의 새끼 하프물범들은 그 순간 값싼 모피로, 기름덩이로 둔갑해 돈벌이의 도구가 된다.

세계야생동물보호기금이 2013년 캐나다 세인트로렌스 만에서 촬영한 새끼 하프물범. 어미 젖도 떼지 못한 생후 3개월도 채 되지 않은 어린 물범이 전체 하프물범 사냥의 98퍼센트를 차지한다. ⓒ연합뉴스

캐나다 정부는 하프물범 사냥을 세계에서 가장 엄격하게 관리되는 야생동물 사냥 중 하나라고 주장하지만, 지난 수십 년간 사냥을 관찰해 온 동물보호단체, 수의사 그룹 등 전문가의 입장은 다르다. 사냥의 목표가 되는 것은 모피 상태가 최상급인 어린 물범이다. 동물보호단체 휴메인소사이어티인터내셔널에 따르면 지난 5년간 사냥된 하프물범의 98퍼센트 이상이 생후 3개월이 채 되지 않았다고 한다. 아직 어미 젖을 먹고, 심지어 물에 들어가 첫 수영을 해보지도 못한 나이다.

캐나다 정부는 하프물범 사냥에 인도적인 도살 기준이 지켜진다고 주장하지만 이는 사실이 아니다. 캐나다 수산국의 규정에 따르면 하프물범을 죽일 때는 한 번에 가격해 도살해야 하고, 물범을 가격한 후에는 의식을 완전히 잃었는지 확인해야 하지만 사냥터에서 이런 규정은 지켜지지 않는다. 불안정한 얼음조각 위에서 움직이는 하프물범을 한 번에 가격해 죽이는 것이 쉽지 않기 때문이다. 2007년 국제수의사 조사위의 보고에 따르면 사냥꾼의 66퍼센트가 물범이 죽었는지 확인하지 않았고, 물범은 껍질이 벗겨질 때까지 부상을 입은 채로 방치되었다. 2001년 시행된 조사에서는 도살되는 하프물범의 42퍼센트가 의식이 있는 채로 껍질이 벗겨지는 것으로 나타났다. 둔기로 머리를 맞은 물범은 눈과 코에서 피를 뿜으며 마지막 숨을 쉬기 위해 몸부림을 친다. 그러다가 피가 기도로 넘어가 죽기도 하고, 숨이 붙어 있는 채로 갈고리에 찍혀 흰 눈 위에 선홍색 선을 그리며 낚싯배로 끌려가기도 한다. 머리에 부상을 입은 채로 물속으로 도망간 물범은 고통 속에서 천천히 죽음을 맞는다.

전체 수입의 1퍼센트도 안 되는데 어민의 생계수단일까?

캐나다 정부는 하프물범 사냥이 지역 어민들의 중요한 생계수단이라고 주장한다. 그러나 어민들에게 하프물범 사냥은 1년 중에 고작 2~3주 동안 하는 부업일 뿐이다. 사냥 인구가 가장 많은 뉴펀들랜드의 경우에도 인구 50만 명 중 하프물범 사냥을 하는 어민의 수는 6,000명도 되지 않는다. 심지어 사냥에 참여하는 어민들에게도 물범 사냥으로 얻는 수입은 소득의 5퍼센트밖에 되지 않는다. 뉴펀들랜드 지역 전체 수입의 1퍼센트에도 미치지 못하는 금액이다.

캐나다 정부는 하프물범 개체수가 늘어 대구 어족자원을 훼손한다고 주장하지만 이를 뒷받침할 만한 과학적 근거는 없다. 대구 어족이

껍데기가 벗겨지고 몸뚱이만 남은 동료를 바라보는 하프물범. ⓒ연합뉴스

감소한 원인은 하프물범이 아니라 무분별한 남획 때문이다. 1950년대 이후 대구 어족이 감소하자 캐나다 정부는 어족자원을 보호한다는 명분으로 1972년 약 322킬로미터 영해권을 선언했지만 오히려 캐나다 수산업 기업이 이권을 이용해 싹쓸이 조업을 하는 결과를 가져왔다. 결국 1992년 캐나다 정부는 대구어업을 금지하는 극단적 조치를 내릴 수밖에 없었고, 이때 4만 명 이상의 캐나다 어민들이 일자리를 잃었다. 캐나다 정부는 국민들이 가진 정부에 대한 불만을 분산시키기 위한 방편으로 하프물범이 대구 어족 감소의 원인이라고 주장하기 시작했고, 지역 어민들의 생계를 보장한다는 명분으로 하프물범 사냥을 허용했다. 그러나 매년 이어져 온 하프물범 사냥에도 불구하고 대구 어

족이 회복될 기미를 보이지 않고 있다. 2014년 캐나다 정부는 대구어업 금지기간을 다시 2026년까지 연장했다.

브리스톨 대학의 연구에 따르면 6살이 되어야 새끼를 낳는 하프물범의 습성을 고려해 볼 때 지금처럼 어린 개체를 지속적으로 사냥하면 장기적으로 하프물범의 개체군 분포에 영향을 미칠 가능성이 있다고 한다. 또한 다른 야생동물과 마찬가지로 하프물범도 새로운 위기에 직면해 있다. 바로 지구온난화다. 빙하 면적이 계속해서 감소하면 얼음 위로 올라가 새끼를 낳고 새끼가 수영을 할 수 있을 때까지 수유해서 기르는 하프물범의 개체수에도 치명적인 영향을 미칠 가능성이 있다.

캐나다에서도 하프물범 사냥에 반대하는 목소리가 높다. 2009년 세계야생동물보호기금이 캐나다 국민들을 상대로 한 설문조사에 따르면 응답자의 78퍼센트가 자신이 낸 세금으로 정부가 하프물범 사냥을 지원하는 것에 반대한다고 대답했다. 하프물범 사냥을 구시대적인 산업으로 인정하고 중단해야 한다고 대답한 수도 65퍼센트에 달한다.

이미 많은 국가들이 잔인하게 도살된 하프물범으로 만든 제품을 거래하는 것을 금지하고 있다. 미국은 1972년 캐나다에서 상업적 사냥으로 생산된 하프물범 제품의 거래를 금지했다. 2009년에는 유럽연합이 무역금지를 선언했고 하프물범 모피를 수입하던 러시아도 2011년 모피 수입을 금지했다. 2013년에는 대만, 2014년에는 아르메니아, 스위스까지 총 35개국이 잔인함의 산물인 하프물범 거래에 빗장을 걸었다.

시장이 줄어듦에 따라 사냥 규모도 작아지고 있다. 2015년 캐나다 정부는 40만 마리의 사냥을 허용했는데, 사냥된 하프물범은 3만 5,000마리에 그쳤다. 2006년에 35만 마리를 사냥했던 것에 비하면 10분의

1로 줄어든 수다. 여러 나라가 하프물범 모피의 수입을 금지하면서 시장과 수요가 줄어들어 가격도 폭락했다. 하프물범 모피 가격은 2006년 1마리당 미화 100달러에 거래되던 것이 2016년에는 27달러밖에 되지 않는다.

하프물범기름과 고기 수입국 1위, 대한민국

도살된 하프물범은 다 어디로 갈까? 창피하게도 우리나라와 중국이 거의 유일한 무역 상대국이다. 우리나라는 모피를 만들고 남은 기름과 고기를 가장 많이 수입하는 나라다.

한국으로 수입된 물범기름은 건강보조제 오메가3의 원료로 쓰인다. 어디에서나 캐나다 하프물범으로 만들었다고 광고하는 오메가3 제품을 쉽게 만날 수 있다. 오메가3는 혈관 건강에 도움이 된다고 알려져 있는데, 이런 성분은 호두, 아몬드 같은 견과류와 들기름 등 우리가 흔히 먹는 식품에도 포함되어 있다. 아마씨기름은 중금속 위험이 없고 식물성 오메가3가 풍부하게 들어 있어 식재료뿐 아니라 건강보조제의 원료로도 쓰인다.

중국에서조차 소비하지 않는 하프물범고기는 1킬로그램에 50센트 정도의 헐값에 우리나라에 덤핑하듯 팔리고 있다. 수입된 고기는 강남 학원가의 건강원에서 '물범탕' 재료로 쓰인다. 집중력과 기억력을 높여 준다는 광고에 한 재에 50만 원이 넘는 가격에도 불구하고 강남 학부모 사이에서 소문을 타고 팔리고 있다.

기억력을 높인다는 하프물범의 효능은 과학적으로 입증된 바가 없다. 오히려 전문가들은 상위 포식자인 물범은 중금속 농축 우려가 높아서 물범으로 만든 식품을 장기적으로 섭취할 경우 건강을 해칠 수 있다고 조언한다. 안전성이 검증되지 않은 건강식품을 복용했다가 메스꺼움 등 부작용을 겪는 사례도 늘고 있다. 우리나라의 보신문화와 비뚤어진 교육열이 결국 전 세계가 지탄하는 잔인한 사냥을 유지하는 결과를 낳고 있다.

2016년 봄, 세계적인 가수 프린스가 갑작스럽게 세상을 떠났다. 가죽옷을 입지 않는 것으로도 유명했던 그에게 누군가 물었다. 왜 그토록 동물을 보호하는 데 열정적인지. 그러자 그는 "연민은 경계가 없는 행동의 단어다Compassion is an action word with no boundaries"라고 대답했다.

우리의 일상은 선택의 연속이다. 무엇을 먹고 입고 쓰고 구매할 것인지 우리는 하루에도 몇 번씩 선택의 기로에 서게 된다. 그런데 내 선택으로 지구 저편에 있는 동물에게 고통을 주는 산업이 유지될 수도 있다. 그러니 이제는 선택할 때 더 싼 가격이나 지금 당장의 편의가 아니라 다른 생명을 위한 선택을 하는 건 어떨까. 잠깐의 시간을 들이거나 조그만 불편을 감수한 내 선택이 수많은 생명을 살리는 결과를 가져온다니 어깨가 무거우면서도 얼마나 다행스러운 일인지 모른다.

18
껍데기가 벗겨진 라쿤이
자신의 몸뚱이를 쳐다보았다

수요와 반대가 함께 증가하고 있는 잔혹한 모피산업

앙고라는 장갑이 아니라 토끼의 비명이다

1980~90년대 배경의 TV 드라마에서 주인공이 크리스마스 선물로 분홍색 앙고라 장갑을 받고 기뻐하는 장면이 있었다. 생각해 보니 내가 초등학교에 다니던 1980년대에 가볍고 부드러운 털이 살포시 얹어진 앙고라 벙어리장갑이 친구들 사이에서 유행한 적이 있다. 그 시절에는 앙고라가 무슨 뜻인지 몰랐다. 막연히 섬유 이름이든가, 아니면 요술장갑처럼 장갑에 붙은 이름이라고 생각했다. 앙고라가 토끼 종류의 이름이라는 사실을 알게 된 것은 성인이 되고 나서다.

지난 2013년 이 앙고라가 전 세계적으로 화제가 되었다. 동물보호단체 PETA가 중국의 앙고라토끼 농장에서 살아 있는 토끼의 털을 무자비하게 잡아 뜯는 장면을 촬영해 공개한 것이다. 웬만해서는 소리를

중국의 앙고라토끼 농장에서 살아 있는 토끼의 털을 무자비하게 잡아 뜯는 모습.
ⓒPETA

잘 내지 않는 토끼가 털을 쥐어뜯기면서 지르던 비명소리가 아직도 귀에 쟁쟁하다.

이 영상은 의류업계에 큰 반향을 불러왔다. 세계 굴지의 의류업체들은 앙고라 털을 사용한 제품의 생산을 중단하겠다고 발표했다. 캘빈클라인, 토미힐피거 등의 유명 브랜드를 소유하고 있는 필립스반호이젠부터, 젊은 층에서 큰 인기를 끌고 있는 스웨덴의 의류 브랜드 H&M, 미국의 GAP, 스페인의 ZARA 등 내로라하는 유명 기업들이 앞 다투어 앙고라를 사용하지 않겠다는 방침을 발표했다. 국제거래소에 따르면 중국의 앙고라 수출량은 2010년 2,300만 달러에서 2015년 440만 달러로 5분의 1 수준으로 폭락했다.

계급에 따라 입을 수 있는 모피가 정해져 있다

인류는 네안데르탈인 시절부터 추위로부터 몸을 보호하기 위해 동물의 털가죽을 옷으로 사용해 왔다. 부족사회에서는 주술적인 의미로 사자 같은 맹수의 털가죽을 몸에 지니면 맹수의 힘을 발휘할 수 있다고 믿었다. 이후에는 오랜 시간 동안 부와 권력의 상징으로 사용되었다. 기원전 3000년 이집트에서는 왕이 의식을 지낼 때만 표범가죽을 입을 수 있었다.

중세 서유럽에서 동물 가죽은 왕족이나 귀족 사회의 전유물이었다. 1300년대 프랑스에서는 윤리규제법령을 통해 사회적 계급에 따라 입을 수 있는 모피의 종류를 지정하기도 했다. 흰담비와 베어vair라고 하는 흰색 또는 회색 얼룩다람쥐의 모피는 중산층 이하의 평민은 옷감에 사용할 수 없었다. 대신 여우, 수달, 들다람쥐처럼 굴을 파고 사는 동물 등의 모피는 하층민도 입을 수 있었다.

19세기 산업혁명 이후 모피 가공이 기계화되고 가공이 쉬워지면서 모피는 이전보다 넓은 계층으로 보급되기 시작했다. 1860년대 북아메리카에서 모피를 얻기 위해 밍크를 사육하는 농장이 처음 등장하면서 대량생산이 가능해졌다. 오랜 세월 동안 일부 부유층만 소비하는 사치

품이라고 인식되었던 모피는 지난 200년 동안 유럽과 북아메리카를 중심으로 대중적으로 큰 인기를 끌었다. 최근에는 뻣뻣한 동물의 털을 부드럽게 가공하는 기술이 발달하면서 중저가 의류에도 사용되고 있다. 용도도 겨울용 외투 외에 의류 장식품, 귀걸이 등의 액세서리, 열쇠고리, 가방, 쿠션, 가구에 이르기까지 다양해졌다.

공장식 축산을 닮아 가는 공장식 모피 농장

모피 때문에 해마다 수천만 마리가 넘는 동물이 목숨을 잃고 있다. 그중 85퍼센트는 공장식 모피 농장에서 사육되고 도살된다. 가장 많이 사육되는 동물은 밍크이고 그 다음이 여우다. 그외에도 토끼, 미국너구리라고도 불리는 라쿤, 토끼목 토끼과 동물인 친칠라, 족제빗과인 검은담비 같은 동물이 모피로 인기가 있다. 코요테, 비버, 물범, 물개, 족제비 같은 동물은 야생에서 포획된다.

공장식 축산 농장과 마찬가지로 공장식 모피 농장에서는 집약적 사육방식을 사용한다. 밍크, 여우 등 모피 농장에서 주로 사육되는 동물들은 무리를 이루지 않고 단독으로 생활하는 습성이 있는 동물이다. 그러나 모피 농장에서는 철망으로 만들어 사방이 뚫려 있는 '뜬장'에 여러 마리를 구겨 넣어서 기른다. 지붕도 없는 감옥 같은 곳에서 동물들은 겨울이면 매서운 눈비와 칼바람을, 여름이면 따가운 뙤약볕을 그대로 맞아야 한다.

좁은 사육장에서 나무타기, 헤엄치기, 사냥하기 등 생태적 습성에 따른 행동을 전혀 하지 못하는 동물들은 극심한 스트레스를 받는다. 사육되는 동물은 대부분 케이지를 빙글빙글 돌거나 왔다갔다하는 정형행동

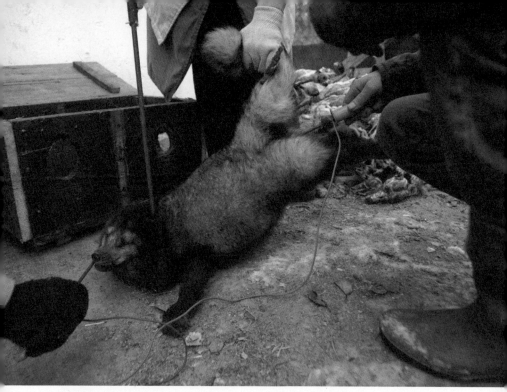

벨라루스의 모피 농장에서 여우의 털을 벗기기 전에 항문에 전깃줄을 넣어 도살하는 모습. 하지만 피부가 벗겨지는 순간 의식이 돌아오는 경우도 있다. ⓒ연합뉴스

을 보인다. 팔다리나 꼬리, 피부 등 신체 일부를 뜯어먹고 털을 뽑는 자해행동을 하거나 동족끼리 서로 잡아먹는 카니발리즘을 보이기도 한다.

반려동물 번식장이나 공장식 축산 농장과 마찬가지로, 어미는 철저히 새끼, 곧 상품을 낳는 기계로 취급된다. 번식용으로 사용하는 암컷은 4년에서 5년 동안 땅 한 번 밟아 보지 못하고 철창 안에서 끊임없이 새끼를 낳아야 한다. 출산할 때 몸을 숨길 공간조차 없는 어미는 스트레스 때문에 새끼를 잡아먹기도 한다.

모피 농장에서 길러지는 동물은 생후 6개월이 되었을 때 도살된다. 차라리 죽는 것이 나을 것 같은 비참한 생활을 하던 동물들은 마지막으로 숨이 끊어지는 순간까지 끔찍한 고통을 겪어야 한다. 도살 방법

역시 인도적인 방법이 아니라 가장 좋은 품질의 모피를 얻는 방법이 기준이 되기 때문이다.

2005년 스위스 동물보호단체인 스위스동물보호기구Swiss Animal Protection는 모피 농장이 모여 있는 중국 허베이 지방을 잠입 조사한 영상을 공개했다. 실상은 참담했다.

일꾼들은 사후경직이 오기 전에 털가죽을 벗기기 위해 동물을 바닥에 내동댕이친 후 한쪽 다리를 거꾸로 걸어놓고 털가죽을 벗긴다. 매달려 있지 않은 다른 쪽 다리는 살기 위해 공중에서 필사적으로 버둥거리고 고통에 바들바들 떤다. 머리 끝까지 가죽이 벗겨지는 순간까지 살아보겠다고 마지막 숨을 몰아쉬던 허연 벌거숭이 몸뚱이는 쓰레기 더미처럼 쌓인다. 피부가 다 벗겨진 후에도 5~10분 정도 심장이 뛰는 동물도 있었다. 껍데기가 벗겨진 라쿤이 고개를 들어 자신의 몸을 응시하던 영상은 우리나라 SBS 〈동물농장〉에서도 방송되어 많은 사람들을 경악시켰다.

미국모피협회 등 서양의 모피산업계는 살아 있는 채로 피부를 벗기는 것은 허구에 불과하며, 농장에서는 인도적인 기준을 준수한다고 주장하고 있다. 그러나 유럽이나 미국에서 법적으로 허가된 도살방법이라 해도 편안한 죽음과는 거리가 멀다. 일반적으로 일산화탄소와 그 혼합물을 사용하여 질식시키는 방법, 입이나 항문, 생식기 안에 전깃줄을 집어넣고 전류를 흐르게 해 도살하는 전살법, 약물로 근육을 마비시켜 죽이는 방법 등이 쓰인다. 기절시키거나 질식시킬 경우 피부가 벗겨지는 도중에 의식이 돌아올 확률이 높다. 특히 유럽연합의 밍크 도살 규정을 비롯해 대부분의 나라에서는 밍크 도살법 중 배기가

스engine exhaust를 사용하는 방법을 허용하고 있는데 정화된 배기가스라 하더라도 순수 일산화탄소보다 의식을 잃게 하는데 시간이 더 오래 걸린다는 사실이 과학적으로 증명되었음에도 불구하고 여전히 사용하고 있다. 전살법의 경우 의식을 잃기 전에 심정지가 올 경우 심한 고통과 스트레스를 겪을 가능성이 있다. 사람으로 치면 전기의자에 앉아 의식이 있는 상태에서 심장마비를 겪는 것과 같은 고통이다. 결국 '인도적인 모피'라는 것은 입는 사람의 죄책감을 덜기 위한 허구에 불과하다.

코요테, 비버, 물범, 물개, 족제비 등 농장에서 길러지지 않는 15퍼센트의 동물은 야생에서 포획된다. 국내에서 인기 있는 명품 브랜드인 캐나다구스는 농장에서 사육하지 않고 정부에서 허가한 포획량 내에서 야생에서 인도적으로 포획된 코요테 털을 사용한다고 광고한다. 그러나 덫에 걸린 코요테는 움직일 수 없는 상태에서 부상과 출혈, 굶주림, 갈증에 시달리면서 천천히 고통스럽게 죽어 간다. 덫에서 벗어나려고 몸무림치다가 다리가 절단되는 경우도 많다. 2015년 캐나다의 동물보호단체는 동물학대 사실을 숨기고 허위광고를 했다는 이유로 캐나다구스를 고소했다.

모피 수요의 증가는 중국, 한국, 러시아 신흥 부유층의 힘

지난 몇 년간 모피로 거래되는 동물의 수는 늘어나고 있다. 국제모피연합International Fur Federation에 따르면 모피 거래는 밍크의 경우 1990년대에 4,500만 마리가 거래되던 것이 2015년에는 8,400만 마리로 두 배 가까이 늘었다. 시장 규모는 자그마치 미화 400억 달러에 달한다.

패션업계에서도 1990년대에 활발했던 동물보호운동 때문에 잠시 주춤하는가 싶더니 모피가 다시 등장하기 시작했다. 2016년 뉴욕, 런던, 밀라노, 파리의 네 도시에서 가을, 겨울 의상을 선보이는 패션위크에 참가한 브랜드 중 70퍼센트가 모피로 만든 의류를 선보였다. 국제모피연합 등 관련 업계와 전문가들은 중국의 갑작스러운 경제 성장에 따른 중국 모피 수요의 증가와 러시아, 한국 등의 국가에서 새로운 부유층이 생겨난 것을 원인으로 분석하고 있다.

2000년대까지는 덴마크가 최대 모피 생산 국가였다. 1920년대 밍크를 농장동물로 기르기 시작한 이후 모피산업은 덴마크 경제의 큰 부분을 차지해 왔다. 겨울이 아주 춥지 않고 여름은 선선한 북유럽의 날씨는 털이 있는 동물을 사육하고 관리하기 쉽다. 덴마크, 노르웨이 등 북유럽의 경우 어업에서 발생하는 부산물을 모피 동물의 먹이로 쓰기에도 적합하다.

그러나 지난 20년간 모피 농장은 동물을 사육하는 데 규제가 없고 노동력이 싼 중국으로 많이 옮겨갔다. 국제모피연합에 따르면 2014년 중국은 3,500만 마리의 밍크 모피를 생산해 전 세계 밍크 모피 생산량의 40퍼센트를 차지했다. 덴마크는 1,780만 마리를 생산해 2위로 밀려났다. 그외에 폴란드, 네덜란드, 핀란드, 미국 순으로 많은 밍크 모피를 생산했다.

중국에는 모피 농장에서 공공연하게 일어나는 동물학대 행위를 막을 수 있는 동물보호법이 없다. 2010년 미국 농무부가 발표한 보고서에 따르면 중국의 모피 농장은 대부분 가족이 운영하는 소규모다. 그러다 보니 파악이 어려워 규제가 불가능할 뿐더러 정확한 사육 두수나 시설에 대한 통계도 얻을 수 없다. 한마디로 법의 사각지대라 할 수 있다.

중국 모피 농장의 비인도적인 사육환경과 도살방법이 비난을 받자 일부 의류업체들은 중국산 모피를 사용하지 않는다고 광고하기도 한다. 그러나 모피는 코펜하겐 옥션, 사가SAGA 옥션처럼 대규모 국제 경매에서 원자재로 거래되기 때문에 모피의 원산지를 추적하는 것은 매우 어렵다. 원산지는 고사하고, 어떤 동물의 털과 가죽인지조차 표기되어 있지 않은 경우가 많다. 2005년 조사에서는 중국 모피 농장에서 개, 고양이들이 모피용으로 길러지는 것으로 드러나기도 했다.

유럽의회는 모피 농장이 '동물의 건강과 복지에 해를 끼치지 않아야 한다'는 규정을 마련했지만 모피 농장에서 준수해야 하는 정확한 가이드 라인은 없다. 유럽연합 소속 국가의 모피업계는 2009년부터 자진해서 '웰퍼Welfur'라는 동물복지제도를 운영하고 있다. 동물의 건강상태, 행동, 사육시설 등을 기준으로 모피에 점수를 매기는 제도다. 그러나 모피 농장에서 동물복지를 위해하는 근본적인 원인인 작은 철장에서 사육하는 것은 규제하지 않고 있다.

2009년 스웨덴의 밍크 농장에서 사육되는 밍크 75마리로 실행한 연구에서는 몸을 숨기거나 오르내릴 수 있는 등 행동풍부화 시설을 갖춘 사육장에서 기른 밍크도 일반 사육장에서 사육되는 동물과 마찬가지로 정형행동을 보인다는 사실이 증명되었다. 야생동물을 좁은 철장에 가둬서 사육하면 행동풍부화 시설과 상관없이 정신적 문제를 일으킨다는 결과라고 할 수 있다.

중국 하얼빈 모피 농장의 밍크. 사방이 철사로 된 뜬장에서 눈·비와 뙤약볕에 그대로 노출되지만 중국에는 이를 규제할 만한 동물보호법이 없다. ⓒ연합뉴스

모피에 반대하는 소비자도 늘고 있다

비록 중국의 수요 때문에 모피 소비량이 늘고 있지만, 모피에 반대하는 움직임도 지속되고 있다. 영국은 2000년 〈모피농업금지법〉을 제정해 세계 최초로 모피 수확을 위해 동물을 사육하는 것을 금지했다. 오스트리아, 슬로베니아, 크로아티아, 보스니아, 헤르체고비나, 스페인도 모피 농장을 금지했다. 네덜란드는 160개의 농장에서 1년에 600만 마리의 밍크 모피를 생산한다. 유럽연합에서 두 번째로 많은 밍크 모피를 생산하는 국가다. 그러나 2009년 모피용 여우 사육을 금지했고, 2012년에는 2024년까지 밍크 사육을 단계적으로 금지한다는 방침을

정했다. 스위스는 모피 농장을 불법화하지는 않았지만 모피 농장이 운영될 수 없는 수준의 동물복지 규정을 정하고 있다. 독일은 2016년부터 밍크를 사육하려면 밍크가 수영할 수 있는 시설을, 여우와 라쿤을 사육하려면 땅을 팔 수 있는 시설을 마련하도록 규정해서 실질적으로 모피 농장이 사라질 것으로 보인다.

뉴질랜드에서는 밍크 사육뿐 아니라 수입까지 금지했다. 브라질은 세계에서 가장 많은 친칠라 모피를 생산하는 나라임에도 불구하고 상파울루에서는 2015년 모피 동물 사육과 번식을 금지했다. 미국에서는 웨스트할리우드가 세계 최초로 모피 판매를 금지했다.

모피를 사용하지 않는다고 선언하는 디자이너나 브랜드도 점차 늘어나는 추세다. 그중에는 캘빈클라인, 랄프로렌, 토미힐피거 등 패션업계의 거장들도 포함되어 있다. H&M, ZARA, 아메리칸어패럴, 톱숍 등의 패션 브랜드는 모피반대연합Fur Free Alliance이 운영하는 모피없는소매상연합Fur Free Retailer Program 프로그램에 동참하고 있다. 영국 런던의 셀프리지 백화점, 온라인 쇼핑몰 네타포르테 등 판매업체도 모피를 사용한 제품은 일절 취급하지 않는다는 정책을 정했다.

서구사회를 중심으로 모피에 반대하는 소비자도 늘어나고 있다. 2011년 영국 왕립동물학대방지협회에서 실시한 설문조사에 따르면 응답자의 95퍼센트가 모피를 입지 않겠다고 대답했다. 2015년 이탈리아모피반대연합Italian Fur Free Alliance에서 유럽연합 소속 6개국의 국민들을 대상으로 실시한 설문조사에서는 응답자의 80퍼센트가 모피에 반대하는 것으로 나타났다.

최근 우리나라는 중국, 러시아와 함께 모피를 가장 많이 수입하는 나라 중 하나로 급부상하고 있다. 2015년에는 홍콩이 전 세계 무역량의 4분의 1인 20억 달러어치의 모피를 수입해 세계 1위에 올랐고 그 뒤를 쫓은 중국은 15억 달러를 수입했다. 우리나라는 2억 7,900만 달러의 모피를 수입해 세계 8위를 차지했다. 국제모피협회 등 모피산업을 대표하는 기구도 우리나라를 새로운 모피시장으로 인식하고 있다. 이전에는 모피 코트를 나이 든 사람이나 특수한 계층이 입는 값비싼 의복이라고 인식했다면 최근 중국에서 값싼 모피가 수입되면서 젊은 층도 즐겨 입는 추세다. 옷깃이나 모자 끝에 라쿤털 등을 덧댄 '퍼트리밍fur-trimming'이 인기를 끌면서 오히려 동물 털을 사용하지 않은 겨울 외투를 찾아보기 어려운 지경이다.

일부 사람들은 식탁에 올라오기 위해 길러지는 농장동물이나, 의학실험에 사용하는 실험동물과 모피동물을 비교하기도 한다. 인간이 필요에 의해 동물을 사용한다는 점에서 다를 것이 없다는 이야기다. 그러나 모피는 사람의 생존을 위해 필요하지도, 삶의 질과 직결되지도 않는다. 최근에는 먹기 위해 기르는 것을 당연하게 여겼던 농장동물에 대한 인식도 바뀌어서 점차 식물성 단백질로 대체해 가는 채식인도 늘고 있다.

동물들의 털이 차가운 날씨에 풍성하게 빛나는 이유는 사람의 겉모습을 화려하게 만들기 위해서가 아니라 자신의 체온을 유지하기 위함이다. 미를 추구하는 것이 인간의 본능이라지만 단지 패션이라는 명목으로 살아 있는 동물의 살갗을 벗기는 행위는 모피를 입음으로써 나타내고자 하는 품격과는 거리가 멀다. 동물의 털은 동물이 입고 있을 때 가장 빛나고 아름답다.

19

살 곳 잃고 폭탄에 목숨 잃는
스리랑카코끼리

코끼리도 멧돼지도 인간과 서식지 다툼 중

사라져 가는 코끼리 서식지, 먹이 찾아 민가로

스리랑카에서는 도로변에서 여유롭게 큰 귀로 부채질을 하며 풀을 뜯는 코끼리 가족을 만나는 것이 어렵지 않다. 인구의 70퍼센트가 불교 신자인 스리랑카에서 코끼리는 종교적으로 신성시되는 존재다. 석가모니는 인간으로 태어나기 전 여러 전생을 거쳤는데 그중 하나가 코끼리다. 석가모니의 어머니인 마야 부인이 흰 코끼리가 옆구리로 들어오는 태몽을 꾸었다고 해서 흰 코끼리는 석가모니를 상징하기도 한다.

게다가 스리랑카코끼리는 유전적으로 5퍼센트만 엄니를 갖고 있어 상아를 채취하기 위해 밀렵되는 경우도 적다. 그래서 스리랑카는 코끼리가 서식하는 아시아 국가 중 면적당 코끼리 분포 밀도가 가장 높다. 스리랑카의 약 6,000마리 코끼리 중 4,000마리는 코끼리보전지역인

국립공원에, 2,000마리는 공원 밖 정글에 서식한다. 스리랑카에도 동물원이나 코끼리 트래킹 같은 관광산업에 동원되는 코끼리가 있지만 그 수는 200~250마리가량으로 나라 안의 코끼리 절반 이상이 관광산업에 이용되는 태국에 비하면 굉장히 적은 편이다.

들다 보면 스리랑카는 코끼리와 인간이 평화롭게 공존하는 코끼리 천국이구나라고 생각할 수도 있다. 하지만 스리랑카에서는 해마다 코끼리 200여 마리가 사람 손에 목숨을 잃고 있다. 삶의 터전을 놓고 벌어지는 코끼리와 사람 사이의 싸움 때문이다.

스리랑카는 인구 증가로 농경지 확대, 도시개발이 진행되면서 숲의 면적이 점점 감소하고 있다. 게다가 남아 있는 숲마저 농장동물의 먹이를 기르는 목초지로 전환되거나 벌목, 화재 등으로 숲의 질이 악화되었다. 또한 도로 개설로 서식지가 조각조각 나는 단편화 현상이 나타나면서 코끼리들은 살 곳과 먹을 것이 줄어들었고, 코끼리가 물을 먹는 곳이나 계절에 따라 이동하는 경로에 마을이 들어서면서 코끼리가 사는 곳과 사람이 사는 곳의 경계가 매우 모호해졌다.

먹을 것이 없어진 코끼리들은 결국 인간이 사는 마을의 경작지로 내려왔다. 하루에 200킬로그램의 먹이를 먹어치우는 코끼리는 식사 매너가 그리 깔끔하지 않다. 좋아하는 이파리를 골라먹느라 나무를 송두리째 뽑아 놓기 일쑤다. 그러다 보니 코끼리를 쫓아내려다가 목숨을 잃는 사고도 생긴다. 해마다 50명가량이 코끼리에게 밟히거나 공격당해 죽는다. 아무리 멸종위기종이고 종교적으로 귀하게 여기는 코끼리라지만 이쯤 되면 가진 것이 없는 농민들에게는 불청객일 수밖에 없다.

사람과 코끼리 사이에 쌓여 온 앙금은 잔인한 방법으로 코끼리를

스리랑카 하바라나 시에서 물과 먹이를 찾기 위해 도로를 건너는 어미 코끼리와 새끼 코끼리들. ⓒ연합뉴스

살해하는 비극을 가져왔다. 먹이를 찾아나섰던 코끼리는 총에 맞거나 몰래 설치해 놓은 전깃줄에 감전되어 죽는다. 덩치가 작은 코끼리는 우물이나 구덩이에 빠지거나 철로를 건너다가 기차에 치여 죽는 경우도 있다. 그중 가장 잔혹한 방법은 호박 폭탄이다. 코끼리가 좋아하는 호박에 폭발물을 넣어 경작지 주변에 설치해 놓는데, 코끼리가 먹이를 무는 순간 폭발물이 터진다. 한 순간에 턱과 코가 날아가 버린 코끼리는 끔찍한 고통 속에서 며칠에 걸쳐 죽어 간다.

그런데 가장 큰 문제는, 코끼리와 사람 사이의 갈등이 날이 갈수록 심각해지는데도 불구하고 이에 대한 대책 없이 개발이 계속된다는 것이다. 스리랑카 남부의 함반토타 지역에서는 2000년대 들어서 밀림을 밀어 버리고 대형 크리켓 경기장과 국제공항을 건설하는 대규모 도시 개발사업이 진행되었다. 수도 콜롬보로 모든 산업이 집중되는 과부하 현상을 막을 제2의 항구도시를 만들겠다는 계획이었다. 그러나 사업적 타당성과 환경적 요건을 고려하지 않은 막개발로 공항은 1년에 고작 2만 명의 관광객이 방문하는 유령공항이 되었다.

그런데 함반토타공항이 들어선 자리는 코끼리 서식지 한가운데였다. 때문에 공항에는 코끼리 떼가 시시때때로 출몰한다. 공항은 이용객이 하루 10~20명밖에 되지 않는데 코끼리의 침입을 막기 위해 300여 명의 군인이 상주하는 웃지 못할 상황이 벌어지고 있다.

2016년 5월에는 함반토타 지역에서 배구수에 빠진 새끼 코끼리를 구조하는 영상이 방송되며 전 세계적으로 화제가 되었다. 자기 몸이 겨우 들어가는 구멍에 빠져 '도대체 무슨 일이 일어난 거지?'라는 듯 눈을 왕방울만 하게 뜨고 발을 허우적대던 새끼 코끼리. 그 모습을 보며 많은 사람들이 가슴을 졸였고, 공무원과 경찰, 동물보호단체가 총출동해 배수구를 부수고 구조에 성공하는 모습에 많은 사람들이 안도했다. 새끼 코끼리는 다리를 밧줄로 잡아당기는 과정에서 다리가 부러지는 부상을 입었지만 곧 보호시설로 옮겨져 치료를 받았다.

하지만 발이 씻은 듯이 나아서 코끼리 가족의 품으로 안전하게 돌아가기를 바랐던 새끼 코끼리가 한 달 뒤 보호시설에서 죽었다는 비보가 전해졌다. 보도에 따르면 보호시설에 단 한 명뿐인 수의사가 자리를 비운 사이에 건강상태가 나빠져 결국 죽었다고 한다. 새끼 코끼리 구조 현장에서는 어미로 보이는 코끼리가 불안해하면서 지켜보고 있었다. 어미에게 돌아가기를 바랐던 새끼 코끼리는 그렇게 떠나고 말았다.

유해조수라니… 동물 입장에서는 적반하장

사람의 입장에서 보면 코끼리는 민가에 들어와 농사를 망치고 생명을 위협하는 위험한 동물이지만 코끼리의 입장에서 보면 자신들이 살던 곳에 사람이 침입한 것이니 코끼리만 탓할 수도 없는 노릇이다. 우리나라 야생동물도 스리랑카코끼리와 비슷한 처지다. 시꺼먼 멧돼지가 도심으로 내려와 갈팡질팡하다가 사람이 겨눈 총구에 쓰러지는 영상은 잊을 만하면 뉴스에 등장하는 단골 메뉴다.

언론에서는 멧돼지를 세상에 둘도 없는 악당으로 묘사하고, 정부는 '박멸', '퇴치'라는 단어를 써가며 엽사를 고용해 포획작업을 한다. 농림부 조사에 따르면 한 해에 멧돼지, 고라니 등 야생동물이 입히는 농작물 피해가 100억에서 150억 원에 달한다고 하니 농민의 피해도 무시할 수는 없다.

그러나 멧돼지도 할 말이 있다. 겨울이면 멧돼지의 양식이 되는 도토리 등 나무열매를 등산객이 채집해 가면서 배가 고픈 멧돼지들이 먹이를 찾아 민가로 내려온다. 서울의 경우는 등산 열풍으로 북한산 일대에 둘레길이 조성되면서 멧돼지의 서식지를 침범한 것이 멧돼지가 도심으로 더 많이 내려오는 원인이 되었다. 멧돼지뿐 아니다. 노루, 고라니도 마찬가지다. 동물 입장에서 보면 인간이 아파트, 도로를 짓는다고 산을 밀어 버리고 나서 살 곳이 없어진 것도 억울한데 유해조수라는 딱지까지 붙여 개체수 조절이라는 명목으로 사살하니 억울할 수밖에 없다.

영국, 독일 등 유럽과 미국에서도 야생 멧돼지 때문에 골머리를 앓고 있다. 외국에서도 살상방법과 함께 비살상방법이 시도되었다. 농작물을 해치지 않게 멧돼지가 사는 숲에 감자 등 먹이를 심는 방법, 전기 펜스를 치는 방법, 면역학적으로 불임 상태를 만드는 백신을 주사하는 방법 등이 쓰였지만 완벽한 개체수 조절방법은 아직 없는 상태다. 우리나라도 포획과 함께 농경지 주변에 전기목책기, 철선울타리, 경음기 등을 피해예방시설로 지원하고 있지만 사람에게도 멧돼지에게도 쉽지 않은 상황이다.

코끼리 보전이 주민 경제생활에도 도움이 되어야

스리랑카 농민들과 지역사회, 비영리단체, 정부기관 등은 저마다 코끼리 피해를 줄이기 위해 노력하고 있다. 그러나 전문가들은 코끼리와 인간의 갈등은 여러 가지 복합적인 이유로 일어나기 때문에 오직 농작물 피해를 최소화하는 데만 초점을 맞추는 것은 해결책이 될 수 없다고 지적하고 있다.

코끼리의 경작지 침입을 막는 방법 중 하나는 펜스를 치는 것이다. 코끼리에게 안전한 전기 펜스를 치는 방법이 있지만 가격이 비싸 넓은 지역에 설치하는 데는 어려움이 따른다. 코끼리가 싫어하는 나무로 펜스를 치는 바이오펜싱bio-fencing이라는 방법도 있다. 팔미라야자, 레몬, 라임 등 코끼리가 피하는 식물을 펜스처럼 심는 것이다. 또 큰 통나무로 펜스를 만들되 땅속 깊숙이 나무를 박지 않으면 코끼리는 흔들리는 나무를 몸으로 밀거나 쓰러뜨리려고 하지 않는 습성이 있기 때문에 효과를 볼 수 있다. 칠리, 시트러스처럼 코끼리가 먹이로 선호하지는 않지만 농가 수입원으로는 좋은 작물을 재배하는 것도 방법이다. 코끼리를 포획해 다른 지역으로 이주시키는 방법도 시도되었으나 지속가능하지 않다는 평가를 받고 있다.

장기적인 방법으로 서식지 풍부화가 있다. 코끼리 서식지에 코끼리의 먹이가 될 수 있는 식물을 심어서 경작지나 민가로 침입하지 않아도 생존할 수 있도록 하는 방법이다. 국립공원이나 야생동물보전지역의 면적을 넓히고, 서식지 간의 이동이 가능하도록 생태통로를 만드는 등 보다 지속가능한 대책도 절실하다.

인간과 코끼리의 공존을 위해서는 야생 코끼리를 관찰하는 에코투어리즘처럼 코끼리 보전이 경제효과까지 가져와 사람도 코끼리도 서로 싸우지 않고 잘 먹고 살 수 있는 방법을 모색하는 것이 가장 중요하다. 사람의 미래도, 코끼리의 미래도 결국 사람 손에 달렸다.

20
내가 먹은 라면이 오랑우탄을
멸종시킨다고?

다국적 기업만 살찌우는 팜유 농장의 확산으로
야생동물과 원주민이 고통받는다

팜유 때문에 사라져 가는 숲, 사라져 가는 오랑우탄

'엄마남Mommy Nam과 '아기남Baby Nam'이라는 이름을 가진 오랑우탄 모자는 2016년 2월, 인도네시아 서칼리만탄 주에 있는 심팡티가라는 마을에서 구조되었다. 오랑우탄이 농작물을 해치고 있다는 농민들의 신고를 받고 출동한 동물구조단체 인터내셔널애니멀레스큐International Animal Rescue가 도착했을 때 20살쯤 되는 어미 오랑우탄과 2~3살로 추정되는 아기 오랑우탄은 극심한 영양결핍 증세를 보이고 있었다. 몇 달 동안 제대로 먹지 못하고 헤매 다닌 것으로 보이는 오랑우탄 모자는 몸도, 마음도 극도로 약해진 상태였다.

어미 오랑우탄은 몸을 가누기도 힘든 상태였지만 마취총을 세 번이나 쏘아야 할 정도로 필사적으로 새끼를 지키려고 애썼다. 마취총을

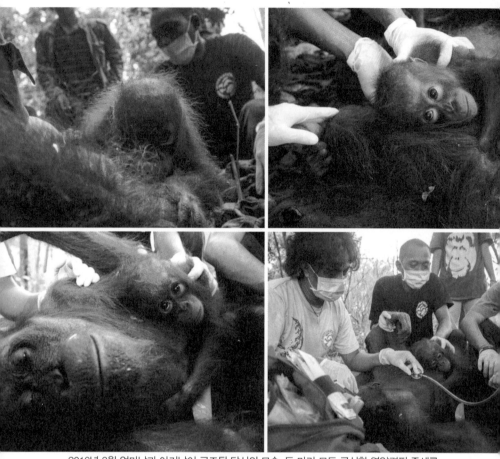

2016년 2월 엄마남과 아기남이 구조될 당시의 모습. 두 마리 모두 극심한 영양결핍 증세를 보였다. ©International Animal Rescue/Heribertus

맞고 쓰러진 어미의 몸에 매달려 떨어지려 하지 않는 아기 오랑우탄의 얼굴은 엄마를 잃은 어린 아이의 표정과 다를 바 없었다.

오랑우탄은 말레이어로 '숲의 사람'이라는 뜻이다. 이름에 걸맞게 하루를 대부분 나무와 나무 사이를 옮겨 다니면서 지낸다. 쉴 때도 나무 위에 나뭇잎과 가지로 둥지를 만들어서 지낸다. 먹이도 나무에 달린 무화과, 리치, 망고 같은 과일을 먹고 산다. 비가 오면 큰 나뭇잎으로 우산을 만들어 비를 피하기도 한다.

플라이스토세(180만 년 전부터 1만 년 전 사이의 지질시대, 홍적세) 때 오랑우탄은 자바, 수마트라, 보르네오, 베트남부터 중국 남부에까지 아시아 전역에 서식했다. 그러다가 200만 년 동안 기후가 변화하고 서식지와 개체수가 감소하면서 현재는 인도네시아의 보르네오 섬과 수마트라 섬의 밀림에만 서식한다. 보르네오오랑우탄과 수마트라오랑우탄은 서로 다른 종이다. 수마트라오랑우탄은 보르네오오랑우탄에 비해 얼굴이 좀 더 길고, 얼굴 털이 있으며, 행동에도 차이가 있다. 다른 영장류에 비해 오랑우탄은 독립적인 성향이 있는데, 수마트라오랑우탄은 좀 더 사회적인 성향을 보인다. 수마트라오랑우탄이 나무 위에서 거의 내려오지 않는 데 비해 보르네오오랑우탄 수컷은 땅으로 자주 내려온다. 엄마남과 아기남은 보르네오오랑우탄이다.

오랑우탄은 육상동물 중에서 번식 사이의 공백이 가장 긴 동물이다. 암컷은 10살이 넘어야 첫 출산을 하는데 출산과 출산 사이에 6~8년의 공백을 갖는다. 한 번 출산할 때 한 마리의 새끼만 낳기 때문에 암컷 오랑우탄 한 마리가 일생 동안 낳는 새끼는 많아 봤자 3마리 정도에 불과하다.

인간과 유전자가 97퍼센트 일치하는 오랑우탄은 도구를 사용하고 수화를 배울 수 있을 정도로 지능이 높다. 그런데 이 놀라운 동물이 지구상에서 사라져 가고 있다.

세계자연보전연맹에 따르면 오랑우탄의 수는 1970년대보다 3분의 2가 줄어들었다. 연구에 따라 차이가 있지만 현재 보르네오오랑우탄은 5만 5,000마리, 수마트라오랑우탄은 75년 전보다 75퍼센트가 감소한 7,300마리가 남아 있는 것으로 추정된다.

세계자연보전연맹은 수마트라오랑우탄의 멸종위기 등급을 '심각한 멸종위기종'으로 분류했다. '멸종위기종'이었던 보르네오오랑우탄도 2016년 7월 '심각한 멸종위기종'으로 상향 조정되었다. '심각한 멸종위기종'은 '야생상태 절멸'의 바로 전 단계다. 세계자연보전연맹은 개체수가 지금 이 상태로 줄어든다면 1950년에서 2025년까지 보르네오오랑우탄 개체수 감소율이 86퍼센트에 달할 것으로 보고 있다.

이렇게 오랑우탄의 수가 급격히 줄어드는 가장 큰 이유는 오랑우탄의 서식지인 숲이 파괴되고 있기 때문이다. 농경지 전환, 방화, 벌목 등으로 인해 숲의 면적이 감소하고, 도로와 개발로 인해 서식지가 조각조각 나는 단편화 현상이 일어나며, 숲의 질이 낮아지는 열화현상degradation이 발생한다. 열화현상은 가뭄, 혹한, 폭풍 등 자연재해, 산불, 대기오염으로 인한 기후변화, 토양오염으로 숲을 덮고 있는 나무가 줄어드는 등 생태계를 안정시키는 본래의 기능을 잃어 가는 현상이다. 세계야생동물기금에 따르면 지난 20년 동안 보르네오오랑우탄 서식지의 55퍼센트가 파괴되었다.

오랑우탄을 멸종위기로 몰아가는 가장 큰 이유는 팜유다. 팜유는 기름야자의 열매에서 추출하는 식물성 기름으로 빵, 과자, 시리얼, 라면, 초콜릿, 마가린 등의 가공식품부터 비누, 세제, 립스틱, 면도 크림 등의 생활용품까지 우리가 마트에서 구매하는 제품의 절반에 들어 있다. 다른 식물성 기름보다 값이 싼데다 상온에서 고체 상태를 유지하는 성질 때문에 가공과 운반이 쉬워 공업 원료로 사용되는 식물성 기름의 30퍼센트를 차지한다. 전 세계에서 1년에 소비되는 팜유의 양은 50억 톤, 시장 규모는 440억 달러에 달한다. 어마어마한 양이다. 그중 85퍼센트가 인도네시아와 말레이시아에서 생산되고 있다.

문제는 팜유를 재배하기 위해 오랑우탄의 서식지인 보르네오와 수마트라의 열대우림이 파괴되고 있다는 점이다. 세계야생동물기금에 따르면 한 시간당 축구장 300개에 달하는 면적의 숲이 팜유 농장으로 대체되고 있다.

인도네시아는 숲이 국토의 대부분인데 직접 나무를 베어 숲을 없애는 방법은 그 과정이 번거롭다. 나무를 베고, 벤 나무를 옮기고, 해충을 죽이기 위해 농약을 뿌린 후 경작하는 데까지 몇 년을 기다려야 하기 때문이다. 이런 이유로 팜유 기업들은 삼림을 불태우는 화전농법을 쓴다. 숲을 불태워 버리면 순식간에 나무를 다 없앨 수 있고, 게다가 살충제를 뿌리지 않고도 해충을 없애는 부가효과도 있다. 기업으로서는 숲을 태우는 방식이 나무를 직접 베는 방식보다 훨씬 쉽고 빠르고 경제적이다.

2011년 국제금융기구International Financial Cooperate가 발표한 보고서에 따르면 1980년부터 2009년 사이에 팜유 농장으로 바뀐 숲의 면적이 383만에서 3,000만 헥타르로 증가했다. 전문가들은 삼림파괴가 이 상태로 계속된다면 20년 후에는 인도네시아와 말레이시아의 숲이 완전히 사라질 것으로 보고 있다.

어미는 맞아 죽고, 새끼는 애완용으로

숲을 태워 팜유 농장으로 바꾸는 과정에서 발견되는 오랑우탄은 죽임을 당한다. 총에 맞아 죽거나 불에 타 죽거나 심지어 맞아 죽는 경우도 있다. 사살된 오랑우탄은 원주민들이 식용으로 먹는다. 두개골 등 일부 신체 부위는 장식품이나 약재로 거래된다.

새끼는 죽이지 않고 생포한다. 불타 버린 숲에서 방향감각을 잃고 굶주림에 지쳐 나무에 오르지도 못하는 어미와 새끼 오랑우탄은 사냥꾼의 표적이 되기가 쉽다. 사냥꾼들은 오랑우탄이 도망가지 못하도록 주위의 나무를 자르고, 어미는 총으로 쏘아 죽이거나 실신할 정도로 때려눕힌 후 새끼를 빼앗는다. 새끼가 다 자랄 때까지 어미가 새끼를 돌보는 오랑우탄 가족은 이렇게 파괴된다. 포획된 새끼는 애완동물로 불법 거래되거나 태국, 베트남 등 동남아시아 국가의 관광지에서 여행객을 상대로 공연을 하고 돈을 받는 업체로 팔려 나간다.

포획된 새끼 오랑우탄은 대부분 오래 살아남지 못한다. 어린 나이에 어미가 잔인하게 도살되는 장면을 눈앞에서 본 새끼 오랑우탄은 이곳저곳으로 팔려 다니는 동안 열악한 사육장에 갇힌 채 제대로 먹지도 못한다. 영양실조에 걸려 죽거나, 면역력이 약해져 사람들에게서 질병을 옮아 죽기도 한다.

설령 살아남았다 해도 서식지에서 밀려나는 순간 오랑우탄의 삶은 산산조각이 난다. 지능이 높은 오랑우탄은 삶의 터전이 눈앞에서 잿더

미로 변해 버리는 모습을 목격하면서 심한 정신적 트라우마를 겪는다. 숲이 사라져 먹이를 구하지도, 쉴 곳을 찾지도 못하는 오랑우탄은 사람이 사는 곳이나 농장 근처로 내려오는데, 가난한 인도네시아 농민들에게 농작물을 훔쳐 먹으려는 오랑우탄은 해충이나 다름없다. 2006년만 해도 오랑우탄 1,500마리가 농장 일꾼들에게 맞아 죽었다. 매년 보르네오 섬에서만 2,000마리가 넘는 오랑우탄이 목숨을 잃고 있다.

케시라는 이름의 오랑우탄은 생후 3개월 때 보르네오의 니아루맨탱 Nyaru Menteng 오랑우탄 구조센터에 버려졌다. 케시의 왼팔은 잘려 있었다. 나무를 타는 어미의 배털에 매달려 생활하는 새끼 오랑우탄은 손아귀 힘이 엄청나게 강하다. 사냥꾼들은 쓰러진 어미 오랑우탄의 몸에 매달려 손을 놓지 않는 아기 오랑우탄의 팔을 가차 없이 잘라 버렸을 것이다.

오랑우탄은 CITES에 의해 국제거래가 금지된 종이다. 그러나 새끼 오랑우탄은 태국, 말레이시아, 싱가포르, 대만 등으로 밀수출된다. 우리나라의 테마동물원 쥬쥬에서 전시되던 오랑우탄도 인도네시아에서 밀수된 것으로 밝혀졌다.

인도네시아 부유층에서는 오랑우탄을 기르는 것이 부의 상징처럼 여겨진다. 지능이 높아 훈련이 쉽고 사람을 잘 따르기 때문이다. 오랑우탄을 애완용으로 기르는 것은 법적으로 금지되어 있지만 제대로 된 단속과 처벌이 이루어지지 않아서 가능한 일이다. 하지만 어렸을 때에는 귀엽던 오랑우탄이 덩치가 커지고 힘이 세져 감당하기 힘들어지면 좁은 사육장에 가두고 학대하거나 버리는 경우가 많다. 이렇게 사람에게서 길러지던 오랑우탄이 다시 야생에 적응하려면 수년의 적응훈련이 필요하고 아예 돌아가지 못하는 경우도 많다.

생태계 파괴, 원주민의 삶까지 앗아가는 팜유 산업

보르네오와 수마트라는 오랑우탄 외에도 30만 종 야생동물의 서식지다. 팜유 농장의 확대는 수마트라코끼리, 수마트라코뿔소, 수마트라호랑이, 피그미코끼리 등 많은 야생동물을 멸종위기로 몰아넣고 있다. 팜유 재배를 위해 도로가 개설되고 숲속으로의 접근이 쉬워지면서 동물들은 밀렵꾼들에게 노출될 위험이 훨씬 더 높아졌다.

팜유 농장 때문에 고통받는 것은 동물만이 아니다. 오랜 세월 동안 터를 잡고 살던 원주민들의 삶까지 파괴된 지 오래다. 팜유 농장에서 일어나는 아동노동착취, 강제노역, 인신매매 등의 인권 유린은 환경문제에 가려져 주목받지 못하고 있다.

2013년 7월 《블룸버그 비즈니스위크_Bloomberg Businessweek_》는 7개월에 걸쳐 인도네시아의 팜유 농장 노동자들의 실태를 조사했다. 정부와 대기업의 결정으로 팜유 농장이 들어서게 되면 자기 땅에서 소득을 올리던 원주민들은 어쩔 수 없이 낮은 임금을 받고 노역을 해야 한다. 또한 다른 지역에서 중개업체에 빚을 져 가면서 노동자로 팔려온 사람들은 유해 화학물질에 노출되고 혹독한 대우에 시달린다. 심지어 농장을 떠나려고 시도했다가 붙잡혀 매를 맞는 노동자들의 현실도 폭로되었다.

가족의 작업량을 충당하기 위해 10살도 채 되지 않은 어린이들도 노동에 동원된다. 하루 종일 땡볕에서 야자열매를 줍고 나르다가 부상을 당하거나 열사병에 걸리지만 아이들에게는 한 푼의 임금도 지불되지 않는다. 팜유 산업은 다국적 기업의 주머니를 채워 줄 뿐, 원주민의 삶은 고통으로 몰아넣고 있다.

팜유 농장은 지구온난화 현상에도 막대한 영향을 끼치고 있다. 공장의 수가 많지 않은데도 불구하고 인도네시아는 중국, 미국에 이어 세계에서 세 번째로 많은 온실가스를 배출하는 나라다. 팜유 농장을 개간하기 위해 삼림을 태우면서 발생하는 이산화탄소 때문이다. 삼림 벌채로 발생하는 온실가스는 전 세계에서 배출되는 온실가스의 17퍼센트를 차지한다. 보르네오와 수마트라의 열대우림은 이탄습지(햇수가 오래되지 않아 완전히 탄화되지 못한 석탄인 이탄으로 이루어진 습지)인데 이를 태워 숲을 제거하고 물을 빼는 과정에서 엄청난 양의 이산화탄소가 배출된다. 불을 지른 숲은 몇 달에서 몇 년에 걸려 타기도 한다. 숲이 타면서 발생하는 연기는 지역 주민은 물론, 주변국인 싱가포르와 말레이시아 국민의 건강까지 위협하고 있다.

인도네시아 삼림 파괴에 일조하는 한국 기업

2016년 6월 세계 최초로 삼림 벌채를 금지하고 브라질의 삼림 파괴를 막기 위해 거액의 기금을 출자하는 등 삼림지킴이 국가의 역할을 하고 있는 노르웨이는 2010년 인도네시아와 브라질이 삼림 감소율을 줄였다는 것을 과학적으로 증명하면 각각 10억 달러를 지원하겠다고 약속했다. 이에 인도네시아 정부는 2011년부터 천연림에서 벌채허가권을 발급하지 않는 '삼림모라토리엄(유예)'을 선언했다. 그러나 자연림과 이탄지에 새로운 개간지를 만드는 것을 금지했을 뿐 이미 존재하는 개간지나 정부의 개발사업은 예외로 두었다.

모라토리엄선언에도 불구하고 열대우림의 파괴는 계속되고 있다. 2014년《네이처 클라이밋 체인지Nature Climate Change》에 실린 보고서에 따르면 모라토리엄 이후인 2012년 인도네시아의 열대우림 파괴 면적은 84만 헥타르로, 브라질의 46만 헥타르의 두 배에 가까웠다. 인도네시아 정부는 2015년 환경단체의 요구로 모라토리엄을 연장했지만 모든 숲에서의 개간을 금지하고 예외조항을 삭제하라는 요구는 받아들여지지 않았다.

국제사회는 지속가능한 팜유를 생산하는 시도를 하고 있다. 2004년에는 '지속가능한 팜유생산을 위한 라운드테이블Roundtable on Sustainable Palm Oil'가 결성되었다. 팜유 생산업, 가공업, 유통업, 구매기업, 판매업, 금융기관, 환경단체 등 2,941개의 기관이 참여하였고, 이 기구에서는 지속가능한 방법으로 생산된 팜유를 사용한 제품을 인증하는 인증마크Certified Sustainable Palm Oil, CSPO를 발행한다. 세계에서 유통되는 팜유의 17퍼센트가 이 인증마크를 받았다. 우리나라에서는 2015년 LG생활건강 공장 2곳이, 2016년에는 화장품 원료 회사인 KCI가 인증마크를 받았다. 그러나 팜유 생산 공정을 제대로 모니터링하지도 않는 기업에 면죄부를 주는 '그린워시Green wash'일 뿐이라는 비판도 있다. 환경단체 그린피스의 2009년 보고서에 따르면 회원기업들이 소유하고 있는 개간지에서 아직도 삼림 벌채가 이루어지고 있는 것으로 나타나고 있기 때문이다.

계속되는 인도네시아 삼림 파괴에 우리나라 기업도 일조하고 있다. 소유주가 한국계인 인도네시아 대기업인 코린도그룹이 인도네시아 파푸아 지역에서 팜유 농장을 확장하기 위해 고의적으로 숲에 방화를 했다는 의혹을 받고 있다. 코린도 측은 의도적인 방화가 아니라고 주장했지만 세계 최대 팜유 취급 업체인 월마와 무심마스는 코린도 그룹과의 거래를 중단했다. 월마는 2013년부터, 무심마스는 2014년부터 삼림 파괴, 이탄습지 파괴, 주민 착취를 금지하는 정책인 NDPENo Deforestation, No Peat, No Exploitation를 시행하고 있다. 이 원칙은 자신들이 생산하는 팜유뿐 아니라 다른 회사에서 구매한 팜유에도 적용된다.

한국계 기업이 인도네시아에서 삼림 파괴 의혹을 받는 것은 이번이 처음은 아니다. 2015년 노르웨이 국가연금펀드는 대우인터내셔널과 포스코가 인도네시아에서 팜유 농장 개발사업을 하는 것을 이유로 투자를 철회한 바 있다. 이 회사에 국내 금융사와 대기업이 투자한 것을 감안할 때 우리나라도 결코 열대우림 파괴의 책임에서 자유롭지 않다.

어디에나 들어 있는 팜유를 소비하지 않고 사는 것은 어렵다. 그러나 노력하면 소비를 줄일 수는 있다. 또한 아직 완전하지 않다고 해도 가능하면 CSPO 인증마크를 받은 기업의 제품을 구매하는 것이 도움이 된다. 내가 즐겨 소비하는 제품을 생산하는 기업에 소비자로서 지속가능한 팜유를 사용하라는 요구를 하는 것도 변화를 만들 수 있는 방법 중 하나다.

꼭 직접적으로 팜유를 소비하지 않는 것 외에도 일상생활에서 숲을 살리고 탄소 배출을 줄이는 방법으로 오랑우탄의 멸종을 막는 데 동참할 수도 있다. 종이 사용을 줄이고, 가능한 한 재생지를 사용하고, 대중교통을 이용하고, 절전·절수를 생활화하는 등 '탄소 발자국 줄이기 운동'에 적극적으로 동참하는 것도 중요하다. 일회용 컵 대신 텀블러를 사용하는 것처럼 작은 것에서부터 시작할 수 있다.

엄마남과 아기남이 야생으로 돌아가기 위해 구눙팔룽국립공원으로 옮겨지고 있다.
ⓒInternational Animal Rescue/Heribertus

수많은 '아기남'들이 숲 속에서 살아남기를

최근 10여 년 동안 인도네시아에서 서식지를 잃은 오랑우탄을 구조하는 보호단체의 수가 늘어났다. 이들은 현지에서 오랑우탄을 구조하고, 보호하고, 야생에 다시 적응할 수 있도록 재활을 도와 서식지로 돌려보내는 활동을 하고 있다. 이 단체들의 활동에 관심을 갖고, 서명운동 등에 참여하는 것도 오랑우탄을 돕는 방법이다. 일시적 혹은 정기적으로 후원하거나, 특정한 오랑우탄의 대모가 될 수도 있다.

구조된 지 두 달 만인 2016년 4월, 엄마남과 아기남은 야생으로 돌아갔다. 인터내셔널애니멀레스큐의 구조팀은 오랑우탄 모자가 서식하고 있었다고 추정되는 구눙팔룽국립공원의 깊은 숲 속에서 이들을 안전하게 방사할 수 있는 곳을 찾아냈다. 이들은 돌아갈 숲이 있으니 운이 좋은 편이다. 어렵게 치료를 마쳐도 구조된 오랑우탄을 돌려보낼 수 있는 서식지가 줄어들고 있어서 돌려보내지 못하는 경우도 있기 때문이다.

구조될 때와 마찬가지로 마취 상태에서 숲 속으로 옮겨진 엄마남은 눈을 뜨자마자 아기를 등에 업고 뒤도 돌아보지 않고 밀림 안으로 사라졌다. 엄마남과 아기남이 이 숲 속에서 오랫동안 건강하고 행복하게 살아가기를. 또 아기남이 새끼를 낳고 그 새끼가 다시 새끼를 낳아 수많은 아기남들이 숲 속에서 살아가기를.

21

태국 거리의 자유로운 개들이
국경을 넘어 식용으로 팔려간다

절도, 학대, 불법 유통, 도살, 공중보건까지 위협하는
아시아의 개고기 산업 커넥션

식용견이 자폐아의 친구가 되어 기적을 일으키다

2015년 세계 3대 도그쇼 중 하나인 영국 버밍엄의 크러프츠도그쇼 Crufts Dog Show에서 우승한 개 미러클의 삶은 그야말로 기적과도 같다. 미러클은 2014년 트럭에 실려 태국에서 베트남 하노이의 불법 도살장으로 운송되던 수백 마리의 개 중 한 마리였다. 운이 좋게도 미러클은 태국의 동물보호단체 소이도그파운데이션Soi Dog Foundation(태국어로 길을 의미하는 소이Soi와 개Dog를 조합한 이름이다)과 태국 경찰에 의해 구조되었다. 그리고 페이스북에서 미러클의 사연을 본 스코틀랜드의 아만다 리스크는 미러클을 스코틀랜드로 입양했다.

죽음을 눈앞에 두었다가 극적으로 입양된 미러클은 자폐증을 앓고 있던 아만다의 6살짜리 아들 카일의 둘도 없는 친구가 된다. 힘든 시

◀ 미라클이 구조될 당시의 모습
ⓒSoi Dog Foundation

▼ 태국에서 도살장으로 향하던 트
럭에서 구조된 미러클은 자폐증
을 앓는 카일의 둘도 없는 친구
가 되었다. 크러프츠도그 쇼의
도우미견 부문에서 우승을 차지
했다. ⓒSoi Dog Foundation

간을 보낸 미러클과 카일은 마치 서로의 고통을 이해하는 것처럼 말하지 않아도 상대방이 필요한 것을 알아차리는 영혼을 나눈 친구가 되었다. 그리고 크러프츠도그쇼에 출전한 미러클은 200마리의 경쟁자를 제치고 도우미견Support dog 부문에서 우승했다.

미러클은 어쩌다가 태국에서 국경을 넘어 팔려가고 있었을까? 불교 국가인 태국은 개를 먹는 것이 금기시되어 있다. 대신 주인 없이 돌아다니면서 동네 주민들에게 밥을 얻어먹으며 거리에서 자유롭게 생활하는 거리의 개들이 많다. 사람이 키우다가 버린 우리나라의 유기견과는 달리 태국 거리의 개들은 길에서 태어나 자유롭게 살아가는, 마치 길고양이와 같은 삶을 산다. 밥을 정기적으로 챙겨주는 집에서는 개의 목에 실이나 리본으로 표시를 해두기도 한다. 2016년 4월 태국 일간지 《방콕 포스트Bangkok Post》에 실린 기사에 따르면 태국에 살고 있는 개 850만 마리 중 73만 마리가 주인이 없다고 했다.

그런데 이렇게 평화롭게 살던 태국의 개들이 개고기 수요가 높은 베트남, 중국 등 주변 나라 때문에 곤욕을 치르고 있다. 2011년 태국 수의학협회Thai Veterinary Medical Association는 매년 50만 마리의 태국 개가 식용으로 태국에서 중국, 베트남으로 불법 거래되는 것으로 추정했다.

소이도그파운데이션의 설립자 존 달리에 따르면 다른 나라로 팔려가는 개의 98퍼센트가 주인이 있거나 돌보는 사람이 있는, 길들여진 동물이었다. 태국에는 식용으로 개를 사육하는 개농장이 존재하지 않는다. 사육하는 것보다 남의 마당에서 훔치거나 길거리에서 포획하는 것이 비용이 훨씬 덜 들기 때문이다. 개장수들은 약을 먹이거나 철사로 된 올무로 남이 키우는 개를 포획한 후 중간업자에게 우리 돈으로

케이지에 구겨 넣어진 개의 안타까운 눈빛. 이송 도중에 압사하거나 철장 밖으로 비어져 나온 사지가 잘리는 경우가 많다. ⓒSoi Dog Foundation

만 원쯤 하는 가격에 개를 넘긴다. 그중에는 종종 리트리버, 테리어 같은 품종견도 있다. 누군가에게는 반려견이었던 개들이 하루아침에 도살장으로 끌려가는 것이다.

죽은 개와 산 개가 뒤엉킨 '지옥행 트럭'

태국 전국에서 불법 포획한 개를 한가득 실은 트럭은 라오스와의 국경 지역인 북쪽으로 향한다. 태국 동북부 사꼰나콘 주의 작은 마을인 따래는 '백정마을'이라는 별칭으로 불리는 곳이다. 약 150년 전부터 베트남 이주민들이 정착하면서 개를 잡아먹기 시작한 이곳에서는 인구 1만 5,000명 중 33퍼센트가 개를 훔치거나 팔거나 도살하는 일에 종사한다고 알려져 있다.

획된 개는 처음에 가둬진 케이지에 실린 채로 물 한 모금 먹지 못하고 며칠, 몇 주 동안 이송되다가 도살장에 가서 겨우 밖으로 나올 수 있다. ⓒSoi Dog Foundation

전국 각지에서 포획된 개들은 대형 트럭에 실려 국경 지역으로 향한다. ⓒSoi Dog Foundation

개들은 이곳으로 오는 동안 케이지 안에서 압사하거나 질식해서 죽는 개들도 많다. 용케 살아남은 개들 중에서 일부는 지역에서 소비하기 위해 도살장으로 끌려가 도살된다. 그런데 이렇게 죽는 개들은 그나마 운이 좋은 편이다. 살아남은 개들에게 더 고통스러운 시간이 기다리고 있기 때문이다. 케이지 밖으로 나와 보지도 못하고 다시 트럭에 실려 국경을 넘어 라오스를 거쳐 베트남과 중국으로 이어지는 길고 긴 고통스러운 여정을 시작해야 한다.

태국의 해군 관계자가 2013년 영국《가디언the guardian》에 밝힌 바에 따르면 태국에서 잡힌 개의 이동 경로는 일부는 라오스를 거쳐 베트남으로, 일부는 태국 북부의 반팽을 거쳐 중국으로 실려 간다. 보통 한 트럭에 케이지 100개 정도가 실리고 케이지 1개당 10마리에서 15마리가량 넣는다고 하니 트럭 한 대에 천 마리가 넘게 실리는 것이다.

소이도그파운데이션은 지난 2009년부터 태국 정부당국과 국경을 넘는 개 밀수 트럭을 검거하는 활동을 해왔다. 이들에 따르면 운반과정에서 철장 밖으로 비어져 나온 다리나 목이 잘리는 경우가 많았다. 사지가 잘린 개도, 눈알이 빠진 개도 모두 헌 옷가지처럼 구겨져서 트럭에 실린다. 운송과정에서 며칠에서 몇 주 동안 물 한 방울 먹지 못하는 개들은 공포와 스트레스 때문에 고개를 돌릴 공간만 있으면 서로를 물어뜯는다. 피부병에 걸려 진물이 흐르고 상처에는 구더기가 끓는다.

태국에서 중국, 베트남으로 이어지는 개고기 산업은 가난한 사람들이 먹고 살기 위한 생계수단이 아니다. 국경을 넘나들며 인신매매, 마약밀수를 하는 범죄조직의 손에 넘어간 지 오래다. 메콩 강을 건너면

정부 당국의 단속에 걸려 압수된 트럭. ⓒSoi Dog Foundation

개 값은 순식간에 6배에서 10배까지 뛴다. 들어가는 자본도 없이, 세금 한 푼 내지 않고 잘 벌 때는 1년에 우리 돈으로 15억 원 넘게 번다고 하니 범죄조직의 입장에서는 황금알을 낳는 거위나 다름없다.

 태국에서 검역이나 수출신고 없이 살아 있는 동물을 타국으로 반출하는 것은 불법이다. 2014년 태국은 처음으로 〈동물복지법〉을 제정해 가축으로 지정된 종 이외의 동물을 도살하는 것을 금지했다. 최고 2년의 징역이나 4만 바트, 우리 돈으로 130만 원의 벌금형에 처할 수 있다. 그러나 단속은 제대로 이루어지지 않고 있다. 이미 뇌물로 매수된 관료들이 눈감아 주는 것이 일상화되어 있기 때문이다. 설사 단속에 걸린다고 해도 처벌이 몇 개월 징역형에 그치기 때문에 범죄를 막는 근본적인 해결책이 되지 못하고 있다.

베트남 콜레라 감염자의 70퍼센트가 개고기 섭취 때문

살아남은 개들이 도착하는 베트남의 도살장에서도 인도적인 배려란 눈곱만치도 찾아볼 수 없다. 개를 소매상으로 넘길 때 마르고 병든 개의 무게를 늘리기 위해 식도에 튜브를 꽂고 물이나 생쌀 혹은 돌을 억지로 먹이기도 한다. 도살장에서도 철장에 구겨넣어진 채 보관되던 개들은 도살될 때에야 비로소 밖으로 끌려 나온다. 그런데 과거 우리나라에서처럼 베트남에서도 개가 고통과 공포를 느끼면서 분비되는 아드레날린이 육질을 연하게 만든다는 속설이 있다. 그래서 산 채로 쇠몽둥이로 두들겨 패거나 의식이 있는 채로 목을 따는 방법으로 죽인다. 네 발을 잘라 피를 흘려 죽게 하거나 산 채로 태우거나 끓는 물에 넣는 경우도 있다. 의식이 있는 채로 피부를 벗기는 일도 흔하다. 눈앞에서 다른 개가 도살되는 모습을 본 개들은 다음 차례가 자신이라는 것을 육감적으로 알아차리고 공포에 떤다.

베트남과 중국, 캄보디아에서도 개고기가 남성의 정력을 강하게 만든다고 믿는다. 우리나라와는 달리 베트남에서는 개고기가 소고기나 돼지고기보다 비싼 고급 음식이고, 몸을 따뜻하게 해 준다고 믿어서 겨울에 많이 먹는다.

그러나 전염병에 감염되고 위생적으로 관리되지 않은 개고기 때문에 베트남에서는 매년 콜레라가 대규모로 발생한다. 2010년 베트남 보건국은 콜레라 감염자의 70퍼센트가 개고기 섭취로 인한 것임을 밝히고 하노이 시의 개고기 식당 60곳을 강제로 폐점시켰다. 또한 검역 과정을 제대로 거치지 않은 개들이 국경을 넘나드는 것은 광견병 확산의 원인이 된다. 2014년 세계보건기구의 보고에 따르면 베트남에서는 매년 평균 230명이 광견병에 감염되어 죽는다. 선모충증 등 기생충이 있는 개고기를 먹고 감염되는 경우도 있다.

중국행 트럭에 실린 개들의 운명도 별반 다르지 않다. 이동 중 트럭에서 죽은 개들은 뼈와 내장을 제거하고 포장된다. 중국인들은 '통개'를 선호하기 때문에 포장육 상태의 개고기는 냉동되어 밀항선 등 불법적인 경로를 통해 외국으로 수출된다. 매년 여름이면 우리나라에서도 냉동 상태로 포장된 중국산 개고기가 유통된다는 보도가 나온다. 2011년 국내 동물보호단체는 국내에서 유통되는 개고기의 30퍼센트를 중국산으로 파악하기도 했다.

고기뿐만 아니라 중국에서 도살한 개의 가죽으로 만든 골프장갑, 지갑은 개의 가죽이라는 사실도 표기되지 않은 채 수출되는 경우가 많다.

본질적으로 비인도적인 개고기 산업, '문화적 차이'로 인정해야 하나

2016년 6월 30일에는 소이도그파운데이션이 트럭에서 구조한 개 10마리가 캐나다행 비행기에 실렸다. 캐나다 동물보호단체 리시LEASH의 도움으로 밴쿠버로 옮겨진 동물들은 새로운 가족에게 입양되거나 자원봉사자의 가정에서 임시로 보호받고 있다.

밀수 트럭에서 구조된 동물들은 검역을 거친 후 태국 북동부 부리람에 있는 보호소로 옮겨진다. 그러나 반려동물로 새 삶을 찾는 개는 그리 많지 않다. 고된 여정을 견디지 못하고 보호소로 이송하는 도중에 죽거나 보호소에 도착하더라도 이미 질병에 감염되어 죽는 경우가 상당수다. 살아남았다 해도 태국 안에서는 품종견이 아닌 이상 입양 가정을 찾는 것이 쉽지 않다. 새로운 가족을 찾지 못한 개들은 평생을 보호소 철장에서 살아야 한다. 거리에서 자유롭게 살던 동물에게는 견디기 힘든 일이다. 그래서 소이도그파운데이션은 해외 동물보호단체와 연계하여 입양처를 찾는 활동을 하고 있다.

2013년 태국, 라오스, 캄보디아, 베트남의 4개국 정부와 동물보호단체연합은 하노이에서 만나 5년간 4개국 간의 살아 있는 개 거래를 금지하는 모라토리엄을 시행하는 데 동의했다. 존 달리 대표에 따르면 정부와 민간단체가 협력해서 밀수 트럭을 지속적으로 단속해 온 덕분에 큰 규모의 밀수는 차츰 줄어드는 추세라고 한다. 그러나 단속을 피해 작은 규모로 밀수가 이루어지거나, 살아 있는 개의 거래를 금지하는 규정의 빈틈을 노려 국경을 넘기 전에 개를 도살해 밀수하는 사례가 늘고 있다.

소이도그파운데이션은 태국 정부에 개를 밀수하는 범죄조직을 소탕할 것을 요구하는 서명운동을 벌이고 있다. 현재까지 전 세계에서 200만 명이 넘는 사람들이 참여한 서명운동에는 배우 주디 덴치, 코미디언 리키 저바이스 등 유명인들도 참여해 동참을 호소하고 있다.

'개를 먹는다는 것이 윤리적으로 옳은가'에 대한 논의는 우리나라를 비롯해 개고기를 소비하는 나라뿐 아니라 서구사회에서도 의견이 분분하다. 소, 돼지 등 이미 가축화된 동물들과 차별하는 것은 종種차별이라고 비난하기도 한다.

그러나 철학적 논쟁이나 문화적 차이를 논하기 전에 주목해야 할 것은 아시아의 개고기 시장은 불법행위와 동물학대가 깊게 뿌리박힌 산업이라는 점이다. 그리고 인신매매 등 다른 사회문제와 마찬가지로 이제 단순히 한 지역에 국한된 문제가 아니라 국경을 넘나들며 조직화되고 대형화된 규모로 일어나고 있다는 것이다.

　동물을 절도하고, 학대하고, 불법적으로 유통·도살하고, 공중보건까지 위협하는 개고기 산업. 단지 문화적 다양성을 존중하기 위해 인정하고 지속해야 한다고 주장하기에는 동물들에게 씌어진 고통의 굴레가 너무 크다.

22
동물복지 vs 종교의 자유, 무엇이 우선일까?

의식 있는 상태에서 목을 자르는 할랄식 도축법

살아 있는 상태에서 목을 자르고 피가 다 빠져나갈 때까지 기다린다

할랄식품이 주목을 받고 있다. 2015년 박근혜 대통령이 중동 순방에서 아랍에미리트와 할랄식품 협력 MOU를 체결하고 돌아온 뒤부터 농림축산식품부는 물론 지자체까지 나서서 할랄식품 사업에 팔을 걷어부치고 나섰다. 국내 기업들도 시장규모가 2조 3,000억 달러에 이른다는 할랄식품 시장을 블루오션으로 보고 진출에 박차를 가하고 있다. 최근에는 할랄식품 인증과정이 까다롭기 때문에 더 안전하다는 입소문이 나면서 일반 소비자들도 할랄인증식품에 관심을 갖기 시작했다.

'할랄Halal'은 아랍어로 '허용된 것'이라는 뜻으로 이슬람 율법하에 이슬람교도가 먹고 사용할 수 있도록 생산, 가공된 식품과 제품을 일컫는 말이다. 식물, 비늘이 있는 어류, 할랄에서 규정한 방법대로 도축

산 채로 목이 따진 닭을 포장하는 할랄 육계 공장. ©연합뉴스

한 육류 등이 이에 속한다. 반대로 '하람Haram'이라는 말은 무슬림에게 금지된 것을 뜻한다. 돼지고기, 동물의 피로 만든 음식, 알코올이 하람이다.

그런데 할랄식품의 도축방법이 세계적으로 논란이 되고 있다. 일반적으로 동물을 도축할 때는 도축 전에 의식을 잃게 만든다. 그러나 자비하Zabiha라고 부르는 할랄식 도축에서는 동물이 살아 있는 상태에서 날카로운 칼로 목을 자른다. 동맥, 정맥, 식도와 기도는 자르되 척수는 자르지 않는다. 몸의 피가 전부 빠져나갈 때까지 목이 몸에 붙어 있어야 한다는 규율 때문이다. 공포에 질린 동물은 목에 칼이 들어오는 순간부터 몸에서 마지막 피가 빠져나가는 순간까지 고정 틀에 묶인 채 살기 위해 발버둥친다.

　무슬림 사회에서는 목을 자르는 순간 동물이 의식을 잃기 때문에 일반적인 도축방법보다 고통이 심하지 않다고 주장한다. 또한 일부에서는 도축자가 기도문을 읊자 동물들이 평온하게 죽음을 맞는 모습을 목격했다는 다소 어이없는 주장도 한다. 그러나 2003년 영국의 정부자문기관인 농장동물복지위원회Farm Animal Welfare Council는 보고서를 통해 "의식이 있는 동물의 목을 자르는 것은 의식을 잃기 전에 확연한 고통과 스트레스를 야기한다"고 밝혔다. 목을 베는 과정에서 피부, 근육, 기도, 식도, 동맥, 정맥, 신경원, 작은 신경이 모두 절단되면서 엄청난 고통을 느낀다는 것이다. 평균적으로 양은 5~7초, 소는 22~40초, 길게는 2분까지 고통을 느낀다는 결과를 내놓았다. 위원회는 기절 과정 없는 도축은 '용납될 수 없다'는 의견을 내놓았지만 받아들여지지 않았다. 2009년 뉴질랜드에서 행해진 실험에서는 송아지의 경우 목이 잘리고도 2분 후까지 뇌파가 고통을 감지한다는 것이 증명되었다.

　일부 할랄 도축장에서는 목을 칼로 따기 전에 기절시키는 방법을 사용하기도 한다. 2014년 영국식품표준청의 조사에 따르면 영국 내 할랄 도축장에서 도축된 동물의 88퍼센트가 기절 상태에서 도축되었다고 한다. 무슬림 사회 내에서도 의견이 분분하다. 동물이 기절한 상태라도 아직 살아 있는 것이기 때문에 이슬람 율법을 어기는 것이 아니라는 주장도 있다.

　하지만 도살 전 기절시키는 방법을 인정하지 않고 반드시 의식이 있는 상태에서 도살할 것을 인증 기준으로 정한 기관도 많다. 기절시키기 위해 쏜 전기총에 맞아 동물이 즉사하는 경우도 있기 때문이다. 영국의 할랄식품 인증기관 중 하나인 할랄식품관리위원회Halal Food Authority는 2016년 5월 소비자의 알 권리를 보장하기 위해 도살 전 기절 유무에 대해 표기하기로 결정했다고 밝혔다.

2016년 10월 영국 브리스톨 대학의 연구팀은 이슬람 학자들이 인도적인 도살법에 대한 기본적인 지식을 갖고 있지 않음을 밝혔다. 29개의 이슬람 사원, 15개의 이슬람 센터, 6개의 이슬람 학교의 학자들을 대상으로 설문조사를 한 결과 응답자의 69퍼센트가 도축 전 동물을 기절시키는 것이 동물의 고통을 줄인다는 사실을 인정하지 않았다. 영국 수의사협회회장은 '동물을 기절시키기 않을 경우 도살에서 무의식상태가 되기까지 용납할 수 없는unacceptable 정도의 시간이 걸리는 점을 고려할 때 모든 동물은 도살 전 기절시켜야 한다'고 밝혔다.《식육과학Meat Science》에 실린 이 연구에서는 '무슬림 학자들에게 현대적인 도축방법에 대해 교육하는 것이 급선무'라는 결론을 내렸다.

동물복지가 종교보다 우선 vs 종교의 자유 침해

무슬림뿐 아니라 유대교에서도 살아 있는 채로 도살된 동물만 먹을 수 있다는 율법이 있다. 코셔Kosher는 알맞다는 의미로 할랄처럼 유대교인들이 섭취할 수 있는 음식을 지칭하는데 율법에 따른 도살법은 칼로 식도, 기도, 동맥, 정맥을 한 번의 움직임으로 베는 방법이다.

무슬림과 유대인 인구가 많은 서구권 국가들은 대부분 종교적 의례에 따른 도축의 허용 여부에 대해 따로 방침을 정해 놓고 있다. 영국과 미국의 경우 코셔와 할랄 도축은 〈동물보호(복지)법〉에서 예외로 두고 있다. 호주에서는 '의례에 따른 도축을 위한 가이드라인'을 제정해 소는 목을 칼로 자르기 시작하자마자 기절시키도록 규정했다. 또한 반드시 두 명의 도축자가 작업해 한 명은 목을 자르고 한 명은 기절시키는 일을 할 것을 의무화했다. 양은 동물이 스트레스를 받거나 당장 의식을 잃지 않는 경우를 제외하고는 기절 없이 도축할 수 있다. 닭은 모두 도축 전에 기절시켜야 한다.

반면에 아무리 종교적인 이유라 해도 의식이 있는 동물의 목을 베는 도축법을 법으로 금지하는 국가도 있다. 노르웨이, 폴란드, 스위스, 스웨덴, 리히텐슈타인, 아이슬란드, 덴마크 등의 나라는 반드시 도살 전에 기절시킬 것을 의무화했다. 일부에서는 종교적 도살을 금지하는 것이 반유대주의 사상에서 비롯된 것이며 종교적 자유를 침해한다는 비난의 목소리도 높다. 하지만 2014년 2월 덴마크 농수산식품부 장관은 기절 과정이 없는 종교적 도축을 금지하는 법안에 서명하면서 '동물의 권리가 종교보다 우선하기 때문'이라고 밝혀 화제가 되었다.

우리나라의 경우 2015년 이후에 불거진 정부의 갑작스러운 할랄 사업 자원은 종교적 자유를 보장하는 것보다는 수출시장 확대에 목적이 있다. 농림축산식품부가 할랄 도축장 건립에 55억 원을 지원하겠다고 밝히자 동물보호단체들은 반대하는 서명운동을 전개하기도 했다. 정부는 할랄 도축장 사업을 예정대로 추진한다는 입장이지만 결과는 두고 봐야 할 것 같다. 테러범과 무슬림을 동일시하는 반이슬람 정서가 퍼지면서 지역 주민들과 일부 보수기독교단체의 반발로 정부가 추진하던 할랄 사업이 철회되거나 지연되는 상황이기 때문이다.

무함마드의 동물 사랑을 기억하기를

농림축산식품부는 2016년 4월 신문에 기고한 글을 통해 국내에 할랄 도축장이 생긴다면 국내 동물보호법에 따라 도축 전에 기절을 시키는 규정을 지킬 것이라고 밝힌 바 있다. 〈동물보호법〉에서는 동물의 고통을 최소화시키기 위해 의식이 없는 상태에서 다음 도살 단계로 넘어가야 한다고 규정하고 있다. 그러나 철저히 경제성만을 목표로 한 생산에서 과연 이런 농림축산식품부의 계획이 잘 지켜질지는 미지수다. 그렇지 않아도 동물보호법 등 동물의 처우를 보장하는 사회적 장치가 미약한 상황에서 경제적 논리만 염두에 두고 사업을 진행하다가 우리나라 동물복지 수준을 한 단계 끌어 내리는 결과를 불러오지 않을까 염려된다. 할랄식품에 쏟아부을 세금의 일부만이라도 동물복지 축산 농장에 대한 지원을 늘려 국민들이 안전하고 인도적인 방법으로 생산된 축산물을 소비할 수 있도록 하는 것이 어떨까.

종교의 자유는 반드시 보장되어야 하는 인간의 기본권이며 세상의 어떤 종교도 혐오의 대상이 되어서는 안 된다. 그러나 인류 보편적 가치를 위배하는 종교적 관습에 대해서는 재고해 봐야 한다. 또한 현대 사회의 현실과 맞지 않는 내용을 문자 그대로 해석하지 않는 유연성이 필요하다. 할랄 도축에서는 도축되는 동물을 때리거나 신체를 훼손해서는 안 된다는 율법이 있지만 도축되는 동물은 대부분 부리 자르기, 꼬리 자르기 등 신체 훼손이 일어나고 전기충격기를 쓰는 공장식 축산 농장에서 온다. 도축장으로 갈 때도 동물이 편안하게 이송되어야 하고, 도축 바로 전까지 보살핌을 받아야 하지만 이런 율법은 깡그리 무시된다.

코란에서는 동물을 학대해서는 안 되며 연민을 갖고 대하라고 가르친다. 이슬람교의 창시자 무함마드는 목말라하는 개에게 물을 먹이기 위해 우물에 내려간 사람을 칭찬했으며, "참새보다 작은 동물이라도 이유 없이 죽여서는 안 된다. 그랬을 경우 신이 심판하실 것"이라고 했다. 특히 고양이에 대한 사랑이 각별했던 것으로 알려져 있다. 무에짜라는 이름의 고양이를 길렀는데 기도회에 입고 가야 하는 옷의 소매를 베고 자고 있는 무에짜를 깨우기 싫어 옷소매를 잘랐다는 일화는 유명하다. 할랄식으로 도축된 고기를 먹는 대신 채식을 선택하는 이슬람교도의 수가 많은 것도 이와 무관하지 않을 것이다. 동물에게 고통을 주는 도살법보다 모든 존재를 사랑으로 대하라는 가르침을 중요하게 여기는 것이 진정한 종교인의 마음이 아닐까.

23

호주행 노아의
방주의 결말은?

호주에서 토끼와 고양이는 유해조수,
한국에서 뉴트리아는 괴물 쥐가 되었다

호주행 배에 몸을 실은 유럽의 동물

호주하면 초록이 짙은 자연에서 뛰노는 캥거루나 동그란 머리에 코주부 같은 코가 매력적인 코알라가 떠오른다. 혹은 푸른 바다에서 부서지는 파도를 춤추듯 타는 서퍼가 떠오를지도 모른다. 영해에 45종의 고래류가 서식하는 호주는 2010년 일본의 포경을 국제사법재판소에 제소할 정도로 이름난 고래보호국이다. 많은 사람들에게 호주는 아름다운 자연경관과 자유롭게 뛰노는 야생동물이 가득한 '자연의 나라'라는 인상이 강하다.

그런데 믿기 어렵겠지만 호주는 전 세계에서 생물의 멸종률이 가장 높은 나라다. 지난 200년간 포유류 28종을 포함한 토착종 동물 54종과 토착종 식물 39종이 멸종했다. 태즈메이니아호랑이Tasmanian tiger, 사막캥거루쥐desert rat kangaroo처럼 진기한 동물들이 영원히 자취를 감췄다. 전 세계에서 멸종된 포유류의 3분의 1이 호주의 토착종이다. 또한 1,800여 종의 동식물종이 멸종위기에 처해 있다.

약 8,000만 년 전 호주는 지금의 남아메리카, 아프리카, 인도, 남극과 함께 뭉쳐져 있던 곤드와나 대륙에서 분리되면서 지금의 위치에 정착하게 되었다. 홀로 동떨어진 호주 대륙에서는 다른 대륙에서는 찾아볼 수 없는 독특한 생물이 진화해 왔다. 우리에게 익숙한 캥거루, 코알라는 물론이고 왈라비, 빌비 등은 호주 외에는 세계 어디에서도 찾아볼 수 없다. 호주에 서식하는 동물 중 포유류 87퍼센트, 파충류 93퍼센트, 양서류 94퍼센트, 조류 45퍼센트가 토착종이다.

그런데 18세기 유럽인들이 들어오면서 문제가 시작되었다. 죄수들의 유배지가 필요했던 영국은 6만 년 동안 호주에 자리 잡고 살던 원주민들을 몰아내고 식민지를 건설했다. 1788년에 영국에서 736명의 죄수와 1,373명의 이민단을 실은 배 11척이 상륙했다.

배에는 사람만 탄 것이 아니었다. 호주에 서식하지 않는 갖가지 동물들도 함께 태워졌다. 고양이는 항해하는 동안 배에서 쥐를 잡기 위해, 토끼, 붉은여우, 사슴은 사냥을 사랑하는 영국인들이 호주에서도 사냥을 하기 위해 사냥감으로 태웠다. 물소, 염소, 타조 등의 가축과 짐을 싣는 당나귀와 낙타까지. 흡사 노아의 방주처럼 다양한 동물들이 유럽인들과 함께 호주 땅에 발을 디뎠다.

토끼와 고양이가 외래침입종이 되다

그런데 새로운 땅에서 동물들은 사람들이 바라던 대로 살아가지 않

호주 왈라비와 토끼. 캥거루과 동물인 왈라비는 호주, 태즈메이니아, 뉴기니에 분포하는 토착종이다. ⓒ연합뉴스

았다. 동물들이 사육장을 벗어나 야생으로 들어가는 데는 그리 오랜 시간이 걸리지 않았고, 천적이 없고 번식력이 강한 동물들은 그 수가 기하급수적으로 늘어나기 시작했다. 낙타처럼 사람이나 짐을 싣고 나르는 데 쓰려던 동물들은 교통수단의 발달로 무용지물이 되자 야생에 버려졌다. 이런 과정을 거친 동물들이 외래 침입종이라는 꼬리표를 달게 되었다.

　토끼는 호주의 생명다양성에 가장 극심한 피해를 주는 외래종 동물 중 하나다. 1837년 이민 온 토머스 오스틴은 빅토리아 인근에서 목축업을 시작했다. 1859년 사냥용으로 유럽 토끼 24마리를 자기 땅에 풀어놓았다. 번식력이 뛰어난 토끼는 6년 만에 24마리에서 2만 마리로 불어났고, 사육장을 탈출해 1910년에는 열대림 지역을 제외한 호주 대륙 전역에 서식하게 되었다. 지금은 호주 전역에 약 2억 마리의 토끼가 살고 있는 것으로 추정된다.

초식동물이고 성격이 온순한 토끼가 생태계에 미치는 위협이 뭐가 있을까 싶지만 의외로 어마어마하다. 식물을 닥치는 대로 갉아먹는 토끼는 토착식물을 멸종시켰고, 이 식물을 먹이로 삼는 빌비, 반디쿠트처럼 토착 초식동물의 생태를 위협했다. 토양의 부식과 사막화로 인해 토양이 식물이나 농작물이 자라기 어려운 상태가 되었다. 식물이 자라지 않는 흙은 비가 오면 하천과 강으로 씻겨 내려가 수생태계에까지 악영향을 끼쳤다.

야생 고양이는 여우와 함께 호주의 포유류 멸종의 가장 큰 원인이 되었다. 호주의 야생 고양이들은 오랜 시간 야생에서 서식하고 번식해 왔을 뿐, 반려동물로 기르는 집고양이와 생물학적으로는 같은 종이다. 주로 사람에게 먹이를 의지하거나 버려진 음식물로 연명하는 우리나라 길고양이와 달리 호주의 야생 고양이는 야생에서 포유류, 조류 등을 잡아먹는다. 현재 약 2,000만 마리가 넘는 고양이가 하루에 7,500만 마리의 토착동물을 먹이로 삼아 야생에서 살아가고 있다.

2015년 호주 환경부는 야생 고양이 때문에 멸종위기에 놓인 포유류 10종을 포함한 토착생물 60종의 멸종을 막기 위한 방책으로 야생 고양이를 유해동물로 규정하고 2020년까지 야생 고양이 200만 마리를 살처분하겠다고 발표했다. 프랑스 배우 브리지트 바르도, 영국 가수 모리세이 등 동물애호가로 알려진 유명인들은 호주 정부의 계획을 동물학살이라고 비난하며 환경부 장관에게 철회할 것을 요구하는 공개

서한을 보내기도 했다.

그러나 호주 내의 환경보호단체들은 조심스럽게 환영의 의사를 표시했다. 그만큼 문제가 심각하기 때문이다. 다만, 일부 동물보호단체는 도살 대신 중성화수술을 할 것을 요구했다. 그러나 현실적으로 서식지가 넓고 사람을 피하는 습성이 있는 고양이 수백만 마리를 포획해 중성화시키는 것이 쉽지 않은 것도 사실이다.

식용으로 쓰려고 유럽에서 데려와 방목해 기른 외래종 농장동물도 침입종이 되었다. 외래종 야생 돼지와 야생 염소는 기존의 농장동물과는 다른 종으로 토양을 부식시키고 토착식물을 먹어치워 식물생태계를 파괴했다. 가뭄에는 물과 먹이를 놓고 토착동물들과 경쟁을 하기도 한다. 노란 꼬리yellow tail라는 애칭으로 불리는 노란발바위왈라비yellow-footed rock wallaby는 바위에 숨어서 쉬는 습성이 있는데 야생 염소에게 쉼터를 빼앗겨 천적인 여우와 독수리에게 노출되기도 한다. 2,350만 마리에 달하는 야생 돼지는 농작물을 망쳐서 문제가 되고 있다. 잡식성인 돼지는 해마다 2만 톤의 사탕수수를 먹어 치우고, 목장에서는 어린 양을 잡아먹고, 렙토스피라증, 브루셀라병 등 인수공통감염증의 병원체가 되기도 한다.

혹 떼려다 혹 붙인 격이 된 수수두꺼비

생태계를 회복시키기 위해 들여온 동물이 거꾸로 침입종이 되어 버리는 웃지 못할 경우도 있다. 호주 정부는 토끼의 개체수를 줄이기 위해 토끼를 잡아먹는 붉은여우를 방사했지만 결과적으로 외래종인 붉은여우의 수만 늘어나 골머리를 앓고 있다.

케인토드라고 불리는 수수두꺼비는 해충 퇴치용으로 유입되었으나 외래 침입종이 되어 버렸다.

혹 떼려다 혹 붙인 가장 대표적인 예는 수수두꺼비Cane Toad다. 케인토드라고 불리는 수수두꺼비는 중앙아메리카와 남아메리카에 서식하는 동물이다. 그런데 곤충, 파충류, 양서류, 심지어 박쥐까지 가리지 않고 잡아먹는 왕성한 식욕 덕분에 농약이 개발되기 전 해충 퇴치 목적으로 자메이카, 푸에르토리코, 플로리다, 필리핀, 피지, 하와이 등에 도입되기도 했다. 덕분에 하와이의 경우 1932년 오아후 섬에 150마리의 수수두꺼비를 들여왔는데 17개월 만에 개체수가 10만 마리를 넘어섰다. 1935년 호주 북퀸즐랜드의 사탕수수 농장에서도 딱정벌레를 퇴치하려는 목적으로 하와이에서 수수두꺼비를 들여왔다.

그러나 높이 뛰지 못하는 수수두꺼비는 사탕수수 줄기 윗부분에 붙은 딱정벌레를 잡지 못했다. 게다가 잡으라는 딱정벌레는 잡지 않고 피부에서 독을 배출해 자신을 잡아먹는 포식동물을 죽이는 바람에 외래 침입종 동물이 되어 버렸다. 카카두국립공원에서 토착동물인 쿠올quoll(주머니고양이목에 속하는 육식 유대류의 총칭), 고아나goanna(호주 왕도마뱀)의 수가 줄어든 이유도 바로 수수두꺼비 때문이었다. 호주 환경부에 따르면 수수두꺼비는 매년 40에서 60킬로미터를 서쪽 방향으로 이동해서 2009년에는 방사된 지역에서 2,000킬로미터나 떨어진 곳까지 서식지를 넓혔다.

이런 이유로 호주 정부는 망가진 생태계를 복원하고 사라져 가는 토착 동식물을 보전하기 위해 막대한 노력을 기울이고 있다. 〈환경보호와 생명다양성 보전에 관한 법률the Environment Protection and Biodiversity Conservation Act〉에서는 멸종위기에 처한 생물을 지정하고, 각 생물의 개체수 복원을 위한 계획과 위협요소를 제거하기 위한 계획을 세워 실행하고 있다.

호주 정부는 외래 침입종 동물을 제거하기 위해 동물의 특성에 따라 펜스 치기, 덫 놓기, 독약 살포, 사살 등 여러 방법을 고안해 냈다. 펜스 치기는 100년 전부터 토끼가 넓은 지역으로 확산되는 것을 막기 위해 사용해 온 방법이다. 여우와 고양이 수를 조절하는 데 시도되기도 했지만 동물을 도살하지 않아도 되는 반면 예산이 많이 들고 관리가 어려워 좁은 범위의 지역에서만 효과가 있다는 한계가 있다. 독이 든 미끼를 놓는 방법은 여우, 토끼, 야생 돼지 등을 죽이기 위해 사용된다. 미끼에 넣는 독약은 1080이라는 이름으로 불리는 소디움플로로아세테이트Sodium flouroacetate인데 이 성분은 호주 토착식물에서도 발견되기 때문에 토착 초식동물은 대부분 면역력이 있어 목표가 되는 외래종만 도살이 가능하다는 장점이 있다. 돼지, 염소, 당나귀, 낙타 등의 동물은 헬리콥터에서 총을 쏘아 죽이는 방법을 쓴다. 덫은 비인도적이고 시간과 인력이 많이 든다는 단점 때문에 최근에는 거의 사용하지 않고 있다.

천적을 이용하거나 질병을 유발하는 바이러스를 유포하는 생물학적 방법도 쓰인다. 1950년대에는 토끼만 감염되는 점액종 바이러스를 유포하는 방법을 사용해서 지역에 서식하던 토끼의 90퍼센트까지 퇴치하기도 했다. 그러나 바이러스에 면역이 생기는 토끼가 생겼고, 바이러스를 유포하는 매개체인 모기가 습한 지역을 선호하기 때문에 기후가 건조한 지역에서는 효과가 크지 않았다. 1995년에는 토끼 바이러스성 출혈열이 유행해 자연적으로 개체수가 줄어들기도 했다. 그러나 금세 바이러스에 면역이 생겼고, 워낙 번식이 빨라 토끼의 개체수를 조절하는 것은 쉽지 않다.

호주 정부는 외래종 퇴치 시에는 인도적인 방법을 사용하는 것을 원칙으로 하고, 퇴치방법 개발에 많은 비용을 투자하고 있다. 큐리어시티Curiosity®라는 약은 고양이를 살처분하기 위해 고안된 미끼이다. 약물 이름처럼 호기심 많은 고양이가 좋아하는 간식 안에 약물을 넣은 펠릿이 숨겨져 있는데 이걸 먹은 고양이는 잠자는 것처럼 죽게 된다. 어금니가 없는 고양이는 간식을 삼키기 때문에 이 방법이 유효하지만 다른 토착동물들은 씹어서 펠릿을 뱉어내기 때문에 도살 대상이 아닌 동물이 독살당할 위험이 없다.

그러나 아무리 인도적으로 고안된 방법이라 하더라도 수억 마리의

점액종 바이러스에 감염된 토끼. 부종이 생기면서 죽어 간다.

동물을 살처분하는데 동물들이 고통을 겪지 않는다고는 누구도 말할 수 없다.

'괴물 쥐'가 되어 버린 뉴트리아

우리나라에서도 생태계 교란종이라는 단어는 낯설지 않다. 1970년 대 초부터 식용으로 쓰거나 농가소득을 증대시킬 목적으로 우리나라에 서식하지 않는 외래종을 도입했는데 이 과정에서 외래종 생물이 생태계에 미치는 영향에 대해서는 정확히 평가하지 못했다. 들여온 이후의 관리 또한 부실했다.

'괴물 쥐'라는 오명을 쓴 뉴트리아는 생태계 교란종으로 미움을 받

1990년 촬영한 충남 서산의 뉴트리아 사육장. 이후 뉴트리아는 돈이 되지 않아 야생에 버려져 방치되면서 생태계 교란종이 되어 버렸다. ⓒ연합뉴스

는 대표적인 동물이다. 남아메리카에 서식하는 설치류 동물인 뉴트리아는 1980년대 고기와 모피를 얻겠다는 목적으로 수입되었다. 그러나 소득에 도움이 되지 않자 사육을 포기하는 농가가 많아졌다. 사육장을 탈출하거나 하천에 버려진 뉴트리아의 수가 자연히 불어났다.

정부는 지난 2009년 뉴트리아를 포유류 동물로는 유일하게 생태계 교란종으로 지정했다. 낙동강 주변을 중심으로 포상금까지 걸고 대대적인 퇴치 사업을 벌였다. 지난 몇 년간 계속된 포획으로 현재는 그 수가 2013년 1만 마리에서 절반가량으로 줄어든 것으로 국립생태원은 보고 있다.

언론에서는 뉴트리아를 생태계 훼손의 주범이라고 몰아세우지만 사실 호주의 토끼나 고양이처럼 뉴트리아가 농작물에 큰 피해를 주었다는 정확한 보고는 없다. 정부는 2023년까지 뉴트리아를 완전 박멸한다는 방침을 세웠다.

그러나 개체수 줄이기에만 급급할 뿐 호주처럼 인도적인 도살 기준을 세우려는 시도는 아직까지 이루어지지 않고 있다. 뉴트리아를 잡으면 포상하는 수매제를 실시하는 것도 문제다. 능숙하지 않은 일반인들이 포획하다 보니 비인도적인 일이 비일비재하게 일어난다. 전문적인 훈련을 받지 않은 사람이 움직이는 동물을 한 번에 가격해 즉사시키는 것은 쉽지 않은 일이다. 몽둥이로 죽을 때까지 두들겨 패거나, 덫에 걸려 굶어 죽을 때까지 방치하는 등 고통스러운 방법으로 도살되는 경우가 많다.

외래종으로 인한 생태계 다양성의 감소는 호주와 우리나라만의 문제가 아니다. 전 세계적으로 이로 인한 경제적 손실도 막대하다. 2013년 유럽집행위원회는 세계에서 외래종으로 인한 경제적 손실이 매년 1조 유로, 우리 돈으로 1,337조 원이 넘는다고 집계했다.

우리나라의 뉴트리아도, 호주의 토끼도 자기 발로 낯선 땅에 발을 들여놓은 동물은 단 한 마리도 없다. 인위적으로 동물을 옮긴 것도, 동물에게 외래종이라는 꼬리표를 단 것도 결국은 인간이다. 아무리 토착 생물의 멸종을 막기 위한 의도라 해도 살아 있는 동물을 마치 대청소라도 하듯 대량 살상하는 것이 정당화될 수 있는 것은 아니다. 망가져 버린 생태계를 되돌려 놓는 것이 얼마나 어려운 일인지 우리는 배웠다. 사실 인위적으로 동물을 이동시켜서 다른 생물의 서식지를 침범하고 파괴하게 만든 건 인간이다. 아마도 그칠 줄 모르고 자신의 영역을 넓혀 나가는 인간이 가장 위협적인 생태계 교란종일 것이다.

24
세상에서 가장 슬픈
북극곰이 눈을 감다

본래 서식지와 너무 다른 곳에서 고통받으며
살고 있는 동물원의 북극곰들

동물원에서 태어나 더위로 죽은 북극곰

아르헨티나 멘도사동물원에는 '세계에서 가장 슬픈 북극곰'이라고 불리는 북극곰 아르투로Arturo가 살고 있었다. 아르투로는 북극에서 태어나지 않았다. 1985년 미국 뉴욕 주 버펄로동물원에서 태어났고, 동물원에서는 아서라는 이름을 붙여 주었다. 생후 10개월 되었을 때 아서는 캘리포니아 주 프레즈노동물원으로 팔려갔다.

캘리포니아 남부의 무더운 날씨 때문에 아서의 몸은 항상 초록색으로 덮여 있었다. 북극곰의 털은 공기를 가두는 효과가 있는 짧은 속털이 촘촘하게 나 있고 그 위를 여러 길이의 보호털이 덮고 있는 이중 구조로 되어 있다. 보호털은 투명한 색깔에 속이 빈 유리관 같은 구조로 되어 있어 북극곰의 몸이 깨끗한 상태에서 햇빛을 받으면 반사되면서 새하얀 색으로 보인다. 그러나 덥고 습한 기후에서는 털 안에서 녹조류가 자란다. 1993년 8살이 되던 해, 아서는 아르헨티나의 멘도사 동물원에 기증되었다. 400킬로그램이 넘게 자란 아서에게 프레즈노동 물원의 사육장은 너무 좁았기 때문이다. 멘도사동물원은 아서의 이름을 스페인식 이름인 아르투로로 바꿨다.

아르투로는 곧 페루자라는 이름의 암컷 북극곰과 짝짓기를 해서 새 끼를 가졌지만 새끼는 1년도 되기 전에 죽었다. 동물원에서는 매년 아르투로와 페루자의 번식을 시도했지만 태어난 다섯 마리의 새끼 중 한 마리도 살아남지 못했다. 2012년 페루자는 31살의 나이에 암으로 세상을 떠났다. 이때부터 혼자 남은 아르투로는 '세상에서 가장 슬픈 북극곰'이라는 별명을 얻게 되었다.

영하 40도의 기온에 적응하도록 태어난 북극곰 아르투로에게 영상 40도가 넘는 아르헨티나의 날씨는 고문과도 같았다. 콘크리트로 된 사육장에는 깊이 50센티미터의 수조가 있을 뿐이었다. 헤엄을 치기는커 녕 앞발로 바닥을 짚고 납작 엎드려야 겨우 몸을 물에 담글 수 있는 깊이였다. 단조롭고, 덥고, 외로운 사육장 안에서 아르투로는 무기력하게 누워 있거나 머리를 좌우로 흔드는 정형행동을 반복했다. 마치 곰 가죽으로 만든 양탄자처럼 바닥에 쓰러져 있는 날이 많았다. 기력이 점점 쇠약해져 갔고, 시력을 잃어 갔으며, 식욕감소로 체중도 눈에 띄게 줄어갔다. 환경보호단체 그린피스를 비롯한 시민단체들은 기온이 낮은 지방인 캐나다 위니펙의 동물원으로 아르투로를 옮길 것을 요구하기 시작했다.

50만 명이 넘는 사람들의 청원에도 불구하고 멘도사동물원은 아르

2014년 3월 그린피스가 촬영한 아르투로. 당시 노화로 인해 시력을 거의 잃고 오른쪽 눈은 이미 실명한 상태였다. 아르투로는 2년 뒤 세상을 떠났다. ⓒ연합뉴스

투로가 1만 킬로미터가 넘는 거리를 이동하려면 마취를 해야 하는데, 이를 견디기에는 너무 늙었다며 이송을 거부했다. 결국 2016년 7월 아르투로는 22년을 더위와 싸우다 눈을 감았다. 동물원이 밝힌 사인은 '혈액순환 불균형'이었다.

2012년 부에노스아이레스동물원의 북극곰 위너가 폭염으로 죽은 지 4년 만이었다. 부에노스아이레스동물원은 더 이상 북극곰을 사육하지 않을 것을 선언했다. 멘도사동물원은 자연보호구역으로 시설을 전환하겠다고 발표했다. 이렇게 아르투로는 아르헨티나에 살았던 마지막 북극곰이 되었다.

북극곰은 동물원에 적응하기 어렵다

북극곰은 육상에 사는 동물 중 가장 덩치가 큰 육식동물이다. 곰과 동물이지만 바다얼음 위에서 생활하기 때문에 해양포유류로 분류된다. 캐나다, 미국 알래스카, 러시아, 덴마크의 그린란드, 노르웨이 등 북극권에 분포한다. 접근성이 떨어지는 북극에 사는데다 넓은 지역에 분포하기 때문에 개체수를 정확히 파악하기는 어렵다. 세계자연보전연맹에 따르면 2015년 기준으로 2만 2,000마리에서 3만 1,000마리 정도가 남아 있다고 추정된다.

북극곰은 육상에 사는 포유류 중 가장 넓은 영역에서 생활하는 동물로, 바다얼음 위에서 물범을 사냥한다. 얼음이 녹는 여름에는 먹이를 찾아 먼 거리를 헤엄치는데 육지에서 320킬로미터 떨어진 바다까지 헤엄쳐 간 경우도 있다. 광대하고 다양한 서식환경에서 먼 거리를 이동하며 생존하는 북극곰은 단조롭고 좁은 환경에 쉽게 적응하지 못한다. 그래서 북극곰은 코끼리, 유인원, 돌고래와 함께 인공시설에서 사육하기에 가장 부적절한 야생동물로 꼽힌다.

2003년 옥스퍼드 대학의 연구에서는 넓은 지역에 서식하고 먼 거리를 이동하는 동물일수록 동물원에서 사육할 경우 건강에 악영향을 미치고 비정상행동을 보이는 정도가 심하다는 사실을 밝혔다. 평균적으로 동물원 안의 북극곰 사육공간은 야생에서 북극곰이 생활하는 공간의 100만분의 1 크기다. 그러다 보니 감금 상태인 동물원 북극곰은 의미 없이 같은 행동을 반복하는 정형행동을 보인다. 사육장 안을 반복적으로 왔다갔다하고, 수영을 반복적으로 계속하고, 머리를 좌우로 흔들며, 혀로 핥거나 이빨을 가는 등의 행동을 보인다. 옥스퍼드 대학의 연구에 따르면 동물원에서 사육되는 북극곰의 일부는 하루의 4분의 1에 해당하는 시간 동안 정형행동을 보였다.

북극곰은 더위에 취약하며 체온이 쉽게 올라간다. 2005년 싱가포르의 동물보호단체 동물에관한연구및교육협회Animal Concerns Research and Education Society가 싱가포르동물원의 북극곰 행동을 분석한 결과 북극곰은 하루의 3분의 1에 달하는 시간 동안 숨을 헉헉거리는 것으로 관찰되었다. 2006년 싱가포르동물원은 현재 사육하고 있는 북극곰 이누카가 죽으면 더 이상 북극곰을 사육하지 않을 것이라고 발표했다.

지구온난화 홍보대사? 동물원의 북극곰은 억울하다

동물원에서 북극곰들이 겪는 고초에도 불구하고 일각에서는 동물원에 북극곰이 꼭 필요하다고 주장한다. 야생 북극곰이 점차 사라져가고 있기 때문이다. 요즘은 지구온난화하면 북극곰을 떠올릴 만큼 북극곰은 기후변화를 상징하는 마스코트가 되었다. 지구 표면의 온도가 높아져 북극의 빙하 면적이 감소하는 현상은 북극곰의 생존을 직접적으로 위협하는 원인이기 때문이다.

지구온난화로 바다얼음의 면적이 감소하면 북극곰이 물범을 사냥할 기회가 줄어든다. 북극곰은 여름 동안 체온을 유지하고 몸을 지탱할 체지방을 축적해야 하는데, 얼음이 녹는 시기가 빨라지고 어는 시기가 늦어지면서 충분한 사냥을 하지 못해 여름을 나지 못하고 굶어 죽는 북극곰이 늘어나고 있다. 또한 바다얼음이 감소하면 더 먼 거리를 헤엄쳐 가야 하기 때문에 에너지를 충분히 비축하지 못한 북극곰은 헤엄쳐 가는 도중에 지쳐서 익사하기도 한다. 특히 몸집이 작고 체지방이 두껍지 않은 어린 곰은 체력이 떨어지고 저체온증에 걸리기도 한다.

전문가들은 지금과 같은 지구온난화가 계속된다면 2050년까지 북극곰의 3분의 2가 사라질 것이라고 예측한다. 2014년 미국 지질조사국과 캐나다 환경부의 연구에 따르면 미국 알래스카 북쪽 연안의 보퍼트 해에 서식하는 북극곰의 개체수가 급감했다고 한다. 2001년 1,500마리였던 개체수가 2010년에는 900마리로 무려 40퍼센트가 감소한 것이다. 현재 북극곰은 CITES 부속서 2에 속해 있으며 세계자연보전연맹의 적색목록에는 취약종으로 등재되어 있다.

북극곰이 지구상에서 사라질 경우를 대비해 동물원에서 번식시키는 것이 종보전을 위한 유일한 방법이라고 말하는 사람들이 있다. 그러나 동물원에서 태어나서 자란 북극곰은 사냥 능력이 없어서 야생에서 살아갈 수 없다. 또한 동물원에서는 동물원의 북극곰이 지구온난화로 멸종위기에 놓인 동물의 위기를 실감하게 하는 홍보대사 역할을 한다고 주장하기도 한다. 그러나 북극곰 입장에서 생각해 보면 기후변화로 서식지가 사라지고 생존을 위협받는 것도 억울한데 홍보대사라는 이름으로 인간이 저지른 잘못을 깨우쳐 주기 위해 교도소 같은 곳에서 평생을 더위, 지루함과 싸우다 죽는 것은 공평하지 않다.

유리관 안에 북극곰이 살고 있다

아르투로가 죽은 지 얼마 되지 않아 또다시 세상에서 가장 슬픈 북극곰이 나타났다. 이번에는 중국 광저우의 그랜드뷰 쇼핑센터 안에 있는 아쿠아리움이다. 북극곰과 불곰 혼종인 피자는 관람객의 기념사진 배경으로 사용되고 있다. 피자가 살고 있는 콘크리트 사육장은 사방이

2016년 7월 촬영한 피자. 투명한 사육장 벽을 두들기는 관람객을 피해 내실로 들어가 보려 하지만 문이 굳게 닫혀 있다. ©연합뉴스

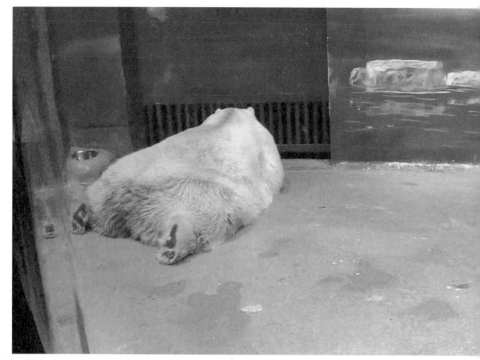
광저우 쇼핑몰에서 사육되고 있는 북극곰 피자가 내실로 들어가는 문 앞에 엎드려 있다.
ⓒAnimals Asia Foundation

투명한 유리로 되어 있어서 사람들의 시선을 잠시도 피할 수가 없다.

외국 관광객들이 찍은 영상이 SNS를 통해 퍼지면서 외신에서도 앞 다투어 '유리관 안의 북극곰'에 대해 보도했다. 영상 속에서 피자는 밖 으로 나가고 싶은 듯 처절하게 벽을 긁거나 유리벽을 두드리며 울부 짖었다.

영국의 요크셔야생동물공원에서는 북극곰 피자를 데려가서 보다 나은 환경에서 보호하겠다고 제안했지만 거절당했다. 요크셔야생동물 공원은 영국에서 유일하게 북극곰을 사육하는 곳으로 1만 2,000평이 넘는 면적에 깊이 8미터의 물이 가득 채워진 커다란 2개의 물웅덩이 와 동굴을 갖추고 있다.

밖으로 나가고 싶은 듯 유리벽을 두드리며 울부짖는 피자.
ⓒAnimals Asia Foundation

2016년 11월 그랜드뷰 쇼핑센터는 아쿠아리움 시설 개선 공사를 위해 피자를 피자의 부모가 살고 있다는 동물원으로 돌려보냈다고 발표했다. 잠시나마 피자가 좁은 실내를 벗어나 바깥공기를 느낄 수 있게된 것은 다행이다. 그러나 쇼핑센터 측은 공사가 끝나는 대로 다시 피자를 데려올 계획이라고 한다. 동물보호단체들은 피자를 영구적으로 복귀시키지 않을 것과 벨루가, 북극늑대, 바다코끼리, 여우 등 아쿠아리움의 다른 동물들도 사육을 포기할 것을 요구하고 있다.

우리나라에도 2마리의 북극곰이 사육되고 있다. 대전 오월드의 남극이와 에버랜드의 통키다. 여름이면 뉴스에서 동물원 동물의 피서법이라며 목욕탕 같은 수조에 몸을 담그고 얼음을 부수어 먹는 남극이

남극이는 2001년부터 대전 오월드동물원에서 사육되고 있는 우리나라의 마지막 암컷 북극곰이다. 함께 들어온 짝인 수컷 '북극'이가 일찍 세상을 떠난 뒤로는 홀로 살고 있다. 극심한 정형행동을 보인다. ⓒ최혁준

와 통키의 모습을 보여 준다. 그러나 사람도 에어컨 없이 견디기 힘든 우리나라 여름은 북극곰이 얼린 과일 몇 조각으로 견뎌내기에는 가혹하리만큼 고통스럽다.

지난 2015년 동물을위한행동 등 여러 동물보호단체는 에버랜드의 통키가 좁고 단조로운 공간에서 냉방장치도 없이 사육되는 문제점을 지적하며 통키의 사육장을 리모델링할 것을 요구했다. 이에 에버랜드는 사육장에 에어컨을 설치하고, 행동풍부화 훈련을 실시하는 등 시설의 일부를 개선하는 노력을 보였다. 하지만 통키는 남은 삶 동안 아직도 여러 번의 무더위를 이곳에서 견뎌내야 한다.

통키는 1997년부터 에버랜드동물원에서 사육되고 있는 우리나라의 마지막 수컷 북극곰이다. 함께 살던 암컷 '밍키'와 '설희'를 차례로 떠나보내고 홀로 살고 있다. 매년 여름이면 털에 녹조류가 자란다. ⓒ최혁준

남극이는 30살, 통키는 20살이다. 남극이와 통키가 이곳을 벗어나려면 아직도 몇 번의 무더위를 이겨내야 한다. 이들이 더 나이를 먹고 노환이 찾아오면 이들이 어쩌면 세상에서 가장 슬픈 북극곰이라고 불릴지도 모를 일이다. 비록 더 시원하고 넓은 곳으로 보내 주지는 못하더라도 이 두 북극곰이 우리나라에 살았던 마지막 북극곰이기를 바란다.

참고문헌

1

Roderick Campbell, "The 200million question—"How much does trophy hunting really contribute to African communities?", *Economists at Large*, 2013, http://www.ecolarge.com/wp-content/uploads/2013/06/Ecolarge-2013-200m-question-FINAL-lowres.pdf

IUCN report, "Big Game Hunting in West Africa—What is its contribution to conservation?," 2009.

International Fund for Animal Welfare, "Killing For Trophies - An Analysis of Global Trophy Hunting Trade," 2016.

P. Lindsey, R. Alexander, G. Balme, N. Midlane, and J. Craig, "Possible relationship between the South African captive hunting industry and the hunting and conservation of lions elsewhere in Africa," 2012.

Katarzyna Nowak, "Inside the Gram Lives of Africa's Captive Lions," *National Geographic*, 2015.7.22.

Convention on International Trade in Endangered Species of Wild Fauna and Flora, "Largest ever World Wildlife Conference hailed as a 'game changer' (Press release)," 2016.10.6.

Paul Steyn, "Is Captive Lion Hunting Really Helping to Save the Species?," *National Geographic*, 2015.5.5.

Luke T. B. Hunter, Paula White, Philipp Henschel, Laurence Frank, Cole Burton, Andrew Loveridge, and Guy Balme, "Walking with lions: Why there is no role for captive-origin lions in species restoration", *Christine Breitenmoser and Urs Breitenmoser*, 2012.7.31.

Lionaid.org, "Canned and Wild Hunting Examined", 2013.7.16. http://www.lionaid.org/news/2013/06/canned-and-wild-lion-hunting-examined.htm

African Wildlife Conservation Fund, "Economic-and-conservation-significance," 2011.

P. A. Lindsey, P. A. Roulet, and S. S. Romanach, "Economic and conservation significance of the trophy hunting industry in sub-Saharan Africa", the Biological Conservation, 2006.

the Reuter, "Nearly 500 Mozambican poachers killed in S.Africa's Kruger since 2010–former leader," 2015.9.21.

2

Association of Zoos and Aquariums Animal Welfare Committee: Taskforce on Animal Breeding Practices, "Welfare and Conservation Implications of Intentional Breeding for the Expression of Rare Recessive Alleles," 2011.

Lara Sorokanich, "Albino Gorilla Was Result of Inbreeding," *National Geographic* 2013.6.19.

Big Cat Rescue, "All White Tigers Are Inbred And Are Not Purebred," 2011. https://bigcatrescue.org/abuse-issues/issues/white-tigers/

3

《동아일보》, "남한 호랑이 멸종 공식 확인," 1996.4.11.

Environmental Investigation Agency, "Hidden In Plain Sight–China"s Clandestine Tiger Trade", 2013.

Criag Kirkpatrick and Lucy Emerton, "Killing Tigers to Save Them: Fallacies of the Farming Argument", *Conservation Biology*, 2010.

Jamie Fullerton, "Save the Tiger: The animals bred for bones on China's tiger farms," *Independent*, 2014.7.30.

Sharon Guynup, "Industrial-Scale Tiger Farms: Feeding China's Thirst for Luxury Tiger Products," *National Geographic*, 2014.10.21.

Nick Davies and Oliver Holmes, "China accused of defying its own ban on breeding tigers to profit from body parts," *The Guardian*, 2016.9.27.

the Guardian, AFP In Beijing, "Tigers slaughtered in show of social stature for Guangdong businessmen," 2014.3.27.

4

Department of Environment Affairs, "Rhino poaching statistics update," *Republic of South Africa*, 2016, https://www.environment.gov.za/projectsprogrammes/rhinodialogues/poaching_statistics

Save The Rhino, "Poaching Statistics," https://www.savetherhino.org/rhino_info/poaching_statistics

Richard Van Noorden, "Worst year ever for rhino poaching in Africa: Illegal killing rises in Zimbabwe and Namibia, even as it dips in South Africa," *The Nature*, 2016.1.25.

Juluan Ryall, "North Korean diplomats linked to lucrative rhino horn trade in Africa," *The Telegraph*, 2016.7.13.

Jonathan Watts, "Cure for cancer' rumour killed off Vietnam's rhinos," *The Guardian*, 2011.11.25.

Rachael, Bale, and National, "Rhino Poaching Numbers Fall in South Africa in 2015," *Geographic*, 2016.1.21.

Nigel Leader-Williams, "The World Trade In Rhino Horn: A Review," *Traffic International*, 1992.

Traffic, "South Africa reports small decrease in rhino poaching, but Africa-wide 2015 the worst on record," 2016.1.

5

JoséEnrique Zaldivar Laguía, "Veterinary technical report on bullfighting: Why bulls really do suffer," *Veterinarian, Member of the 'Ilustre Colegio de Veterinarios' of Madrid*, 2008.

Bullfighting: The Facts www.stopbullfighting.org/uk

Humane Society International, "Bullfight Opinion Poll: As Spain Debates 'Support for Bullfighting' Bill, Most Spaniards Oppose Use of Public Funds for Cruel, Waning Bloodsport," 2013.4.23.

Last Chance For Animals, "Bullfighting," http://www.lcanimal.org/index.php/campaigns/animals-in-entertainment/bullfighting

People For The Ethical Treatment of Animals, "Bullfighting," http://www.peta.org/issues/animals-in-entertainment/cruel-sports/bullfighting/

Stephen Burgen, "Spanish court overturns Catalonia's bullfighting ban," *the Guardian*, 2016.10.20.

MIGUEL-ANXO MURADOOCT, "Spain's Bullfighting Fight," *New York Times*, 2016.10.29.

6

IUCN Crocodile Specialist Group, Farming and the Crocodile Industry.

John Caldwell, "World trade in crocodilian skins 2009-2011; Prepared as part of the International Alligator and Crocodile Trade Study," 2013.

John Caldwell, "World trade in crocodilian skins 2011-2013; Prepared as part of the International Alligator and Crocodile Trade Study," 2015.

Tom Rawstorne, "Pythons skinned and left to die. The shocking reality behind fashion's new obsession," *Daily Mail*, 2007.

International Trade Centre, "The Trade In South-East Asian Python Skins," Traffic International/World Conservation Union(IUCN), 2012.

7

Marc Rose Archeaeology, 'World's First Zoo - Hierakonpolis, 2010.

Egypt' http://www.archaeology.org/1001/topten/egypt.html

History of Zoos http://www.cbc.ca/doczone/features/history-of-zoos

National Geographic Encyclopedic Entry – Zoological Park http://nationalgeographic.org/encyclopedia/zoo/

8

Ceta Base, www.cetabase.org/statistics

Ric O'Barry, DolphinProject.com, "The Fate of Angel the Baby Albino Dolphin?," 2014.1.17.

G. Mason. "Species differences in responses to captivity: stress, welfare and the comparative method," 2010.

Naomi Rose, and E. C. M. Parsons, Richard Farinato for HSUS and WSPA, The Case Against Marine Mammals in Captivity, 2009.

10

CNN, "Salmonella outbreak death linked to pet turtles," 2016.5.19.

Harris et al, "Multistate outbreak of Salmonella infections associated with small turtle exposure 2007-2008," 2009.

Peter M. Sandmand and Jody Lanard, "What's in a name: H1N1 versus swine flu," 2009.

Mazet et al, "Assessment of the risk of zoonotic disease transmission to marine mammal workers and the public: survey of occupational risks," US Davis

Wildlife Health Center, 2004.

11

G. Carder, H. Proctor, J. Schmidt-Burbach, and N. D'cruze, "The animal welfare implication of civet coffee tourism in Bali," 2016.5.

Guy Lynn and Chris Rogers, "Civet cat coffee's animal cruelty secrets," *BBC News*, 2013.9.13.

Tony Wild, "Civet coffee: why it's time to cut the crap," *The Guardian*, 2013.9.13.

Rachael Bale, "The Disturbing Secret Behind the World's Most Expensive Coffee," *National Geographic*, 2016.4.29.

12

Emily Livingstone and Chris R. Shepherd, "Bear Farms in Laos PDR expand illegally and fail to conserve wild bears," *Oryx* Volume 50, Issue 1, 2016.1.

Ben Kavoussi, "Asian Bear Bile Remedies: Traditional Medicine or Barbarism?," *Science-Based Medicine*, 2011.3.24.

Jani Actman, "Inside the Disturbing World of Bear-Bile Farming," *National Geographic*, 2016.5.5.

Jeremy Hance, "Is the end of 'house of horror' bear bile factories in sight?," *The Guardian*, 2015.4.9.

Animals Asia Foundation, "End Bear Bile Farming" https://www.animalsasia.org/intl/our-work/end-bear-bile-farming/

13

Tim Zimmerman, "First Person: How Far Will the Blackfish Effect Go?," *National Geographic*, 2014.1.13.

Tim Zimmerman, "Tilikum, SeaWorld''s Killer Orca, is Dying," *National Geographic*, 2016.3.10.

Whales and Dolphin Conservation Society, "Orca Captivity Facts," 2015.

Vanessa Williams for Wahle and Dolphin Conservation Society, "Dying to Entertain You, The Full Story," 2001.

Michael J. Moore and Julie M. van der Hoop, "The Painful Side of Trap and Fixed Net Fisheries: Chronic Entanglement of Large Whales," 2012.

Born Free Foundation, "CAPTIVE WHALES AND DOLPHINS – EUROPE,"

2012, http://www.bornfree.org.uk/campaigns/zoo-check/captive-whales-dolphins/europe/

14

Nick Kontogeorgopoulos, "The Role of Tourism in Elephant Welfare in Northern Thailand," 2009.

Thomas Fuller, *The New York Times* "Unemployed, Myanmar's Elephants Grow Antsy, and Heavier," 2016.1.30.

Elephant Nature Park, Facts about Elephants http://www.elephantnaturepark.org/about/facts-about-elephants/, 2015.

15

European Food Safety Authority, "EFSA adopts final scientific opinion on animal cloning," 2008.7.24.

Jose B. Cibelli, Keith H. Campbell, George E. Seidel, Michael D. West, and Robert P. Lanza, "The health profile of cloned animals," *Nature*, 2002.

John Woestendiek, "Dog, Inc.: The Uncanny Inside Story of Cloning Man's Best Friend," 2010.

Christopher Bucktin, "You can't clone dogs without lots of suffering – why scientist who created world first 'Frankenstein pet' has quit," *The Mirror*, 2014.4.12.

Rob Stein, "Disgraced Scientist Clones Dogs, And Critics Question His Intent," *NPR*, 2015.9.30.

16

Worm et al., "Global catches, exploitation rates, and rebuilding options for sharks," *Marine Policy*, volume 40, 2013.7.

IUCN Shark Specialist Group, "A quarter of sharks and rays threatened with extinction," 2014.1.12.

CNN, Naomi Ng, "China Bans shark fin dishes at official banquets," 2013.12.9.

Animal Welfare Institute, "International Shark Finning Bans and Policies," https://awionline.org/content/international-shark-finning-bans-and-policies

Humane Society International Factsheet on Animal Cloning, http://www.humanesociety.org/issues/cloning/qa/questions_answers.html

Humane Society of the United States and American Anti Vivisection Society,

"Buyers, Be Aware: Pet Cloning Is Not For Pet Lovers", 2008.

17

Humane Society International, "Myths and Facts about Canada"s Seal Slaughter" http://www.hsi.org/assets/pdfs/myths_and_facts_seal_hunt.pdf

S. Harris, C. D. Soulsbury, and Lossa for International Fund for Animal Welfare, "Harp seal populations in the northwestern Atlantic: modelling populations with uncertainty," 2009.

R. Myers, J. Hutchings, and J. Barrowman, "Why Do Fish Stocks Collapse? The Example Of Cod In Atlantic Canada," 1997.

David W. Johnston, Matthew T. Bowers, Ari S. Friedlaender, and David M. Lavigne, "The Effects of Climate Change on Harp Seals(*Pagophilus groenlandicus*)," 2012.

WildAid, "Evidence of Declines In Shark Fin Demand in China," 2014.

Karen Gullo, *San Francisco Gate*, "Judge refuses to block sharks fin ban," 2013.1.2.

Russ Parsons and David Pierson, "Foie gras ban is overturned," *Los Angeles Times*, 2015.1.7.

18

Heléne Maria Kristina Axelssona, Eva Aldénb, and Lena Lidfors, "Behaviour in female mink housed in enriched standard cages during winter," 2009.

Respect For Animals, "Fact and Reports, statistics," http://www.respectforanimals.co.uk/

Rachel Bale, "Fur Farms Still Unfashionably Cruel, Critics Say," *National Geographic*, 2016.8.17.

Michael Woolsey, "Fur Animals and Production, Peoples Republic of China", 2010.

Yvette Mahe, PHD, "History Of Fur In Fashion", *Fashion In Time*, 2011.12.4.

Fur Free Alliance, "Overview over national legislation on fur farming in Europe", 2016.

Laura Collins, "Trendy winter coat maker Canada Goose accused by campaigners of using fur obtained by cruelty to animals and covering up truth with false marketing", *Daily Mail*, 2015.3.19.

19

Dhanesh Wisumperuma, "Religious Use of Elephants in Ancient Sri Lanka," 2012.

Jamie Lorimer, "Elephants as companion species: the livelybiogeographies of Asian elephantconservation in Sri Lanka," 2010.

M.P.J. Dharmaratne and P.C. Magedaragamage, "Human–Elephant Conflict And Solutions To It In Sri Lanka," 2014.

Ajay A. Desai and Heidi S. Riddle, Supported by U.S. Fish and Wildlife Service.

Asian Elephant Support, "Human-Elephant Conflict In Asia," 2016.6.

Charles Santiapillai, S. Wijeyamohan, Ganga Bandara, Rukmali Athurupana, Naveen Dissanayake, and Bruce Read, "An Assessment Of The Human-Elephant Conflict in Sri Lanka," 2010.

Wild boar contral methods, Britishwildboar.org.uk

Dr. I. Rochlitz, Cambridge University Animal Welfare Information Centre, "Report on the literature relevant to euthanasia of mink and foxes by argon with reference to other gases," 14 November 2008.

20

International Finance Corporation, "The World Bank Group Framework and IFC Strategy for Engagement in the Palm Oil Sector," 2011.3.31.

Benjamin Skinner, "Indonesia's Palm Oil Industry Rife With Human-Rights Abuses," *Bloomberg Businessweek*, 2013.7.21.

L. Miles and C. Nelleman "The last stand of the orangutan: state of emergency: illegal logging, fire and palm oil in Indonesia's national parks," 2007.

The IUCN Red List of Threatened Species/*Pongo Pygmaeus*(Borneo Orangutan), *Pongo abelii*(Sumatran Orangutan).

IUCN, "Whale sharks, winghead sharks and Bornean orangutans slide towards extinction," 2016.7.8.

BBC News, "South East Asia haze:What is slash-and-burn?," 2013.6.24.

Caroline Scott-Thomas. "Independent grower highlights flaws in RSPO system," 2012.11.6.

Union of Concerned Scientists, "Palm Oil and Global Warming" Fact sheet, www.ucsusa.org

Roundtable on Sustainable "Palm Oil, www.eurt.rspo.org

World Wildlife Fund Global, Orangutans," https://www.internationalanimalrescue.org/orangutan-sanctuary

21

T. Hemachudha, "Rabies and dog population control in Thailand: success or failure?," 2015.1.

Simon Parry, "Deep in the jungle, slaughtered pet dogs are trafficked in the dead of night across the river to be turned into: Exclusive dispatch from the frontline of the war against Thailand's medieval dog meat trade," Mail Online 2014.10.28.

Kate Hodal, "How eating dog became big business in Vietnam," *The Guardian*, 2013.9.27.

Luke Dubleby, "Soi Dog Foundation "Thailand's Illegal Dog Meat Trade".

Peter Shadbolt, "Smugglers drive Thailand's grim trade in dog meat," *CNN*, 2013.06.02.

AmCham Vietnam, HoChiMinh City Chapter "Dog meat may be spreading Vietnam's cholera outbreak in Hanoi."

CBS News, "Cholera Scare Closes Dog Meat Shops in Vietnam," AP, 2010.7.12.

22

N. G. Gregory, H. R. Fielding, M. von Wenzlawowicz, and K. von Holleben, "Time to collapse following slaughter without stunning in cattle," 2009.12.

N. G. Gregory, M. von Wenzlawowicz, K. von Holleben, H. R. Fielding, T. J. Gibson, L. Mirabito, and R. Kolesar, "Complications during shechita and halal slaughter without stunning in cattle," 2012.

C Mason, Animal Welfare, "Comparison of Halal slaughter with captive bolt stunning and neck cutting in cattle: exsanguination and quality parameters," 2006.

Food Standards Agency, "Results of the 2013 animal welfare survey in Great Britain. Great Britain: Food Standards Agency," 2015.

Stephanie Linning, "Halal-slaughtered animals are "dying in agony' because of 'Muslim ignorance' over pre-slaughter stunning, say experts," Mail Online. 2016.10.24.

RSPCA, "Slaughter without pre-stunning (sometimes referred to as religious slaughter)," 2016.3, https://www.rspca.org.uk/getinvolved/campaign/slaughter

RSPCA Australia, "What is Halal slaughter in Australia?" http://kb.rspca.org.au/what-is-halal-slaughter-in-australia_116.html

여인홍 농림축산식품부 차관, 〈할랄과 코셔, 새로운 시장으로 가는 길〉, 《서울신문》, 2016.4.21.

조상은, 〈할랄 도계 도축장 신설에 55억 예산 투입〉, 《아시아투데이》, 2015.7.2.

《연합뉴스》, 〈할랄·코셔산업 육성해 중동시장 품는다〉, 2016.7.7.

23

Department of the Environment and Energy, "Australian Government-Invasive Species," https://www.environment.gov.au/biodiversity/invasive-species

Department of the Environment and Energy, Australian Government—Fact Sheet/ Rabbit, Cane Toad, Fox, Feral Cat, Feral pig, Feral goat.

Animal Control Technologies (Australia) Pty Ltd—Rabbit Problems in Australia, http://www.animalcontrol.com.au/rabbit.htm

European Commission, "Commission adopts first EU list of invasive alien species, an important step towards halting biodiversity loss," 2016.7.13.

Austin Ramzy, "Australia Writes Morrissey to Defend Plan to Kill Millions of Feral Cats," *New York Times*, 2015.10.14.

김기범, 탐사보도 〈뉴트리아 나를 괴물쥐라고 부르는데 정말 억울해요〉, 《경향신문》, 2013.11.29.

24

R. Clubb and G. Mason, "Animal welfare: captivity effects on wide-ranging carnivores," 2003.

A. Corrigan for Animal Concerns Research and Education Society (Acres), "AN INVESTIGATION INTO THE WELFARE OF CAPTIVE POLAR BEARS IN JAPAN," 2007.

A. Corrigan, L. Ng., "WHAT'S A POLAR BEAR DOING IN THE TROPICS?," 2006.

M. J. Renner and A. L. Kelly, "Behavioral decisions for managing social distance and aggression in captive polar bears(*Ursus maritimus*)," 2006.

Born Free Foundation UK, "Behind The Bras; Polar Bears In Captivity," http://www.bornfree.org.uk/animals/polar-bears/projects/captivity-issues/

Animal Diversity Web, "Ursus maritimus(polar bear)," http://animaldiversity.org/

BBC News, "Depressed' Argentina polar bear Arturo dies at 30," 2016.7.5.

Animals Asia Foundation, "Wildlife park offers new home to 'world's saddest' polar bear trapped in Chinese mall," 2016.9.19.

Animals Asia Foundation, "The tragic polar bear that suffers for selfies," 2016.3.8.

Williams, J. et al., "Australia State of the Environment Report," *Biodiversity*, 2001.

책공장더불어의 책

동물을 위해 책을 읽습니다
(한국출판문화산업진흥원 출판 콘텐츠 창작자금지원 선정, 국립중앙도서관 사서 추천 도서)
우리는 동물이 인간을 위해 사용되기 위해서만 존재하는 것처럼 살고 있다. 우리는 우리가 사랑하고, 함께 입고 먹고 즐기는 동물과 어떤 관계를 맺어야 할까? 100여 편의 책 속에서 길을 찾는다.

숲에서 태어나 길 위에 서다
(환경부 환경도서 출판 지원사업 선정)
한 해에 로드킬로 죽는 야생동물은 200만 마리다. 인간과 야생동물이 공존할 수 있는 방법을 찾는 현장 과학자의 야생동물 로드킬에 대한 기록.

동물복지 수의사의 동물 따라 세계 여행
(한국출판문화산업진흥원 중소출판사 우수콘텐츠 제작 지원 선정, 학교도서관저널 청소년 추천도서)
동물원에서 일하던 수의사가 동물원을 나와 세계 19개국 178곳의 동물원, 동물보호구역을 다니며 동물원의 존재 이유에 대해 묻는다. 동물에게 윤리적인 여행이란 어떤 것일까?

순종 개, 품종 고양이가 좋아요?
사람들은 예쁘고 귀여운 외모의 품종 개, 고양이를 좋아하지만 많은 품종 동물이 질병에 시달리다가 일찍 죽는다. 동물복지 수의사가 반려동물과 함께 건강하게 사는 법을 알려준다.

동물에 대한 예의가 필요해
일러스트레이터인 저자가 지금 동물들이 어떤 고통을 받고 있는지, 우리는 그들과 어떤 관계를 맺어야 하는지 그림을 통해 이야기한다. 냅킨에 쓱쓱 그린 그림을 통해 동물들의 목소리를 들을 수 있다.

실험 쥐 구름과 별
동물실험 후 안락사 직전의 실험 쥐 20마리가 구조되었다. 일반인에게 입양된 후 평범하고 행복한 시간을 보낸 그들의 삶을 기록했다.

인간과 동물, 유대와 배신의 탄생
(환경부 선정 우수환경도서)
미국 최대의 동물보호단체 휴메인소사이어티 대표가 쓴 21세기 동물해방의 새로운 지침서. 농장동물, 산업화된 반려동물 산업, 실험동물, 야생동물 복원에 대한 허위 등 현대의 모든 동물학대에 대해 다루고 있다.

동물주의 선언
(환경부 선정 우수환경도서)
현재 가장 영향력 있는 정치철학자가 쓴 인간과 동물이 공존하는 사회로 가기 위한 철학적·실천적 지침서.

동물학대의 사회학
(학교도서관저널 올해의 책)
동물학대와 인간폭력 사이의 관계를 설명한다. 페미니즘 이론 등 여러 이론적 관점을 소개하면서 앞으로 동물학대 연구가 나아갈 방향을 제시한다.

묻다
(환경정의 올해의 환경책)
구제역, 조류독감으로 거의 매년 동물의 살처분이 이뤄진다. 저자는 4,800곳의 매몰지 중 100여 곳을 수년에 걸쳐 찾아다니며 기록한 유일한 사람이다. 그가 우리에게 묻는다. 우리는 동물을 죽일 권한이 있는가.

대단한 돼지 에스더
(환경부 선정 우수환경도서, 학교도서관저널 추천도서)
인간과 동물 사이의 사랑이 얼마나 많은 것을 변화시킬 수 있는지 알려 주는 놀라운 이야기. 300킬로그램의 돼지 덕분에 파티를 좋아하던 두 남자가 채식을 하고, 동물보호 활동가가 되는 놀랍고도 행복한 이야기.

동물원 동물은 행복할까?
(환경부 선정 우수환경도서, 학교도서관저널 추천도서)
동물원 북극곰은 야생에서 필요한 공간보다 100만 배, 코끼리는 1,000배 작은 공간에 갇혀서 살고 있다. 야생동물보호운동 활동가인 저자가 기록한 동물원에 갇힌 야생동물의 참혹한 삶.

고등학생의 국내 동물원 평가 보고서
(환경부 선정 우수환경도서)
인간이 만든 '도시의 야생동물 서식지' 동물원에서는 무슨 일이 일어나고 있나? 국내 9개 주요 동물원이 종보전, 동물복지 등 현대 동물원의 역할을 제대로 하고 있는지 평가했다.

동물 쇼의 웃음 쇼 동물의 눈물
(한국출판문화산업진흥원 청소년 권장도서, 한국출판문화산업진흥원 청소년 북토큰 도서)
동물 서커스와 전시, TV와 영화 속 동물 연기자, 투우, 투견, 경마 등 동물을 이용해서 돈을 버는 오락산업 속 고통받는 동물들의 숨겨진 진실을 밝힌다.

물범 사냥
(노르웨이국제문학협회 번역 지원 선정)

북극해로 떠나는 물범 사냥 어선에 감독관으로 승선한 마리는 낯선 남자들과 6주를 보내야 한다. 남성과 여성, 인간과 동물, 세상이 평등하다고 믿는 사람들에게 펼쳐 보이는 세상.

동물들의 인간 심판
(대한출판문화협회 올해의 청소년 교양도서, 세종도서 교양 부문, 환경정의 청소년 환경책, 아침독서 청소년 추천도서, 학교도서관저널 추천도서)

동물을 학대하고, 학살하는 범죄를 저지른 인간이 동물 법정에 선다. 고양이, 돼지, 소 등은 인간의 범죄를 증언하고 개는 인간을 변호한다. 이 기묘한 재판의 결과는?

동물은 전쟁에 어떻게 사용되나?
전쟁은 인간만의 고통일까? 자살폭탄 테러범이 된 개 등 고대부터 현대 최첨단 무기까지, 우리가 몰랐던 동물 착취의 역사.

영국에서 벌어진 개 고양이 대량 안락사
1939년, 전쟁 중인 영국에서 40만 마리의 개와 고양이가 대량 안락사 됐다. 정부도 동물단체도 반대했는데 보호자에 의해 벌어진 자발적인 비극. 전쟁 시 반려동물은 인간에게 무엇일까?

고통 받은 동물들의 평생 안식처 동물보호구역
(환경부 선정 우수환경도서, 환경정의 올해의 어린이 환경책, 한국어린이교육문화연구원 으뜸책)

고통 받다가 구조되었지만 오갈 데 없었던 야생동물들의 평생 보금자리. 저자와 함께 전 세계 동물보호구역을 다니면서 행복 하게 살고 있는 동물들을 만난다.

동물을 만나고 좋은 사람이 되었다
(한국출판문화산업진흥원 출판 콘텐츠 창작자금지원 선정)

개, 고양이와 살게 되면서 반려인은 동물의 눈으로, 약자의 눈으로 세상을 보는 법을 배운다. 동물을 통해서 알게 된 세상 덕분에 조금 불편해졌지만 더 좋은 사람이 되어 가는 개ㆍ고양이에 포섭된 인간의 성장기.

개에게 인간은 친구일까?
인간에 의해 버려지고 착취당하고 고통받는 우리가 몰랐던 개 이야기. 다양한 방법으로 개를 구조하고 보살피는 사람들의 이야기가 그려진다.

버려진 개들의 언덕
(학교도서관저널 추천 도서)

인간에 의해 버려져서 동네 언덕에서 살게 된 개들의 이야기. 새끼를 낳아 키우고, 사람들에게 학대를 당하고, 유기견 추격대에 쫓기면서도 치열하게 살아가는 생명들의 2년간의 관찰기.

똥으로 종이를 만드는 코끼리 아저씨
(환경부 선정 우수환경도서, 한국출판문화산업진흥원 청소년 권장도서, 서울시교육청 어린이도서관 여름방학 권장도서, 한국출판문화산업진흥원 청소년 북토큰 도서)

코끼리 똥으로 만든 재생종이 책. 코끼리 똥으로 종이와 책을 만들면서 사람과 코끼리가 평화롭게 살게 된 이야기를 코끼리 똥 종이에 그려냈다.

유기견 입양 교과서
보호소에 입소한 유기견은 안락사와 입양이라는 생사의 갈림길 앞에 선다. 이들에게 입양이라는 선물을 주기 위해 활동가, 봉사자, 임보자가 어떻게 교육하고 어떤 노력을 해야 하는지 차근차근 알려준다.

유기동물에 관한 슬픈 보고서
(환경부 선정 우수환경 도서, 어린이도서연구회에서 뽑은 어린이ㆍ청소년 책, 한국간행물윤리위원회 좋은 책, 어린이문화진흥회 좋은 어린이책)

동물보호소에서 안락사를 기다리는 유기견, 유기묘의 모습을 사진으로 담았다. 인간에게 버려져 죽임을 당하는 그들의 모습을 통해 인간이 애써 외면하는 불편한 진실을 고발한다.

후쿠시마에 남겨진 동물들
(미래창조과학부 선정 우수과학도서, 환경부 선정 우수환경도서, 환경정의 청소년 환경책 권장도서)

2011년 3월 11일, 대지진에 이은 원전 폭발로 사람들이 떠난 일본 후쿠시마. 다큐멘터리 사진작가가 담은 '죽음의 땅'에 남겨진 동물들의 슬픈 기록.

후쿠시마의 고양이
(한국어린이교육문화연구원 으뜸책)

2011년 동일본 대지진 이후 5년. 사람이 사라진 후쿠시마에서 살처분 명령이 내려진 동물들을 죽이지 않고 돌보고 있는 사람과 함께 사는 두 고양이의 모습을 담은 평화롭지만 슬픈 사진집.

야생동물병원 24시

(어린이도서연구회에서 뽑은 어린이·청소년 책, 한국출판문화산업진흥원 청소년 북토큰 도서)

로드킬 당한 삶, 밀렵꾼의 총에 맞은 독수리, 건강을 되찾아 자연으로 돌아가는 너구리 등 대한민국 야생동물이 사람과 부대끼며 살아가는 슬프고도 아름다운 이야기.

노견 만세

퓰리처상을 수상한 글 작가와 사진 작가의 사진 에세이. 저마다 생애 최고의 마지막 나날을 보내는 노견들에게 보내는 찬사.

개.똥.승.

(세종도서 문학 부문)

어린이집의 교사이면서 백구 세 마리와 사는 스님이 지구에서 다른 생명체와 더불어 좋은 삶을 사는 방법, 모든 생명이 똑같이 소중하다는 진리를 유쾌하게 들려준다.

임신하면 왜 개, 고양이를 버릴까?

임신, 출산으로 반려동물을 버리는 나라는 한국이 유일하다. 세대 간 문화충돌, 무책임한 언론 등 임신, 육아로 반려동물을 버리는 사회현상에 대한 분석과 안전하게 임신, 육아 기간을 보내는 생활법을 소개한다.

개, 고양이 사료의 진실

미국에서 스테디셀러를 기록하고 있는 책으로 반려동물 사료에 대한 알려지지 않은 진실을 폭로한다. 2007년도 멜라민 사료 파동 취재까지 포함된 최신판이다.

채식하는 사자 리틀타이크

(아침독서 추천도서, 교육방송 EBS 〈지식채널e〉 방영)

육식동물인 사자 리틀타이크는 평생 피 냄새와 고기를 거부하고 채식 사자로 살며 개, 고양이, 양 등과 평화롭게 살았다. 종의 본능을 거부한 채식 사자의 9년간의 아름다운 삶의 기록.

인간과 개, 고양이의 관계심리학

함께 살면 개, 고양이와 반려인은 닮을까? 동물학대는 인간학대로 이어질까? 248가지 심리실험을 통해 알아보는 인간과 동물이 서로에게 미치는 영향에 관한 심리 해설서.

고양이 그림일기

(한국출판문화산업진흥원 이달의 읽을 만한 책)

식물 그림을 그리는 한 인간과 두 고양이의 일 년치 그림일기. 종이 다른 두 개체가 서로의 삶의 방법을 존중하며 사는 잔잔하고 소소한 이야기.

고양이 임보일기

《고양이 그림일기》의 이새벽 작가가 새끼 고양이 다섯 마리를 구조해서 입양 보내기까지의 시끌벅적한 임보 이야기를 그림으로 그려냈다.

우주식당에서 만나

(한국어린이교육문화연구원 으뜸책)

2010년 볼로냐 어린이도서전에서 올해의 일러스트레이터로 선정되었던 신현아 작가가 반려동물과 함께 사는 이야기를 네 편의 작품으로 묶었다.

고양이는 언제나 고양이였다

고양이를 사랑하는 나라 터키의, 고양이를 사랑하는 글 작가와 그림 작가가 고양이에게 보내는 러브레터. 고양이를 통해 세상을 보는 사람들을 위한 아름다운 고양이 그림책이다.

동물과 이야기하는 여자

SBS 〈TV 동물농장〉에 출연해 화제가 되었던 애니멀 커뮤니케이터 리디아 히비가 20년간 동물들과 나눈 감동의 이야기. 병으로 고통받는 개, 안락사를 원하는 고양이 등과 대화를 통해 문제를 해결한다.

개가 행복해지는 긍정교육

개의 심리와 행동학을 바탕으로 한 긍정교육법으로 50만 부 이상 판매된 반려인의 필독서. 짖기, 물기, 대소변 가리기, 분리불안 등의 문제를 평화롭게 해결한다.

펫로스 반려동물의 죽음

(아마존닷컴 올해의 책)

동물 호스피스 활동가 리타 레이놀즈가 들려주는 반려동물의 죽음과 무지개다리 너머의 이야기. 펫로스(pet loss)란 반려동물을 잃은 반려인의 깊은 슬픔을 말한다.

고양이 질병에 관한 모든 것

40년간 3번의 개정판을 낸 고양이 질병 책의 바이블. 고양이가 건강할 때, 이상 증상을 보일 때, 아플 때 등 모든 순간에 곁에 두고 봐야 할 책이다. 질병의 예방과 관리, 증상과 징후, 치료법에 대한 모든 해답을 완벽하게 찾을 수 있다.

우리 아이가 아파요! 개·고양이 필수 건강 백과
새로운 예방접종 스케줄부터 우리나라 사정에 맞는 나이대별 흔한 질병의 증상·예방·치료·관리법, 나이 든 개, 고양이 돌보기까지 반려동물을 건강하게 키울 수 있는 필수 건강백서.

개·고양이 자연주의 육아백과
세계적인 홀리스틱 수의사 피케른의 개와 고양이를 위한 자연주의 육아백과. 40만 부 이상 팔린 베스트셀러로 반려인, 수의사의 필독서. 최상의 식단, 올바른 생활습관, 암, 신장염, 피부병 등 각종 병에 대한 대처법도 자세히 수록되어 있다.

개 피부병의 모든 것
홀리스틱 수의사인 저자는 상업사료의 열악한 영양과 과도한 약물사용을 피부병 증가의 원인으로 꼽는다. 제대로 된 피부병 예방법과 치료법을 제시한다.

치료견 치로리
(어린이문화진흥회 좋은 어린이책)
비 오는 날 쓰레기장에 버려진 잡종개 치로리. 죽음 직전 구조된 치로리는 치료견이 되어 전신마비 환자를 일으키고, 은둔형 외톨이 소년을 치료하는 등 기적을 일으킨다.

용산 개 방실이
(어린이도서연구회에서 뽑은 어린이 · 청소년 책, 평화박물관 평화책)
용산에도 반려견을 키우며 일상을 살아가던 이웃이 살고 있었다. 용산 참사로 갑자기 아빠가 떠난 뒤 24일간 음식을 거부하고 스스로 아빠를 따라간 반려견 방실이 이야기.

사람을 돕는 개
(한국어린이교육문화연구원 으뜸책, 학교도서관저널 추천도서)
안내견, 청각장애인 도우미견 등 장애인을 돕는 도우미견과 인명구조견, 흰개미탐지견, 검역견 등 사람과 함께 맡은 역할을 해내는 특수견을 만나본다.

암 전문 수의사는 어떻게 암을 이겼나
암에 걸린 암 수술 전문 수의사가 동물 환자들을 통해 배운 질병과 삶의 기쁨에 관한 이야기가 유쾌하고 따뜻하게 펼쳐진다.

강아지 천국
반려견과 이별한 이들을 위한 그림책. 들판을 뛰놀다가 맛있는 것을 먹고 잠들 수 있는 곳에서 행복하게 지내다가 천국의 문 앞에서 사람 가족이 오기를 기다리는 무지개다리 너머 반려견의 이야기.

고양이 천국
(어린이도서연구회에서 뽑은 어린이 · 청소년 책)
고양이와 이별한 이들을 위한 그림책. 실컷 놀고 먹고, 자고 싶은 곳에서 잘 수 있는 곳. 그러다가 함께 살던 가족이 그리울 때면 잠시 다녀가는 고양이 천국의 모습을 그려냈다.

나비가 없는 세상
(어린이도서연구회에서 뽑은 어린이·청소년 책)
고양이 만화가 김은희 작가가 그려내는 한국 최고의 고양이 만화. 신디, 페르캉, 추새. 개성 강한 세 마리 고양이와 만화가의 달콤쌉싸래한 동거 이야기.

깃털, 떠난 고양이에게 쓰는 편지
프랑스 작가 클로드 앙스가리가 먼저 떠난 고양이에게 보내는 편지. 한 마리 고양이의 삶과 죽음, 상실과 부재의 고통, 동물의 영혼에 대해서 써 내려간다.

햄스터
햄스터를 사랑한 수의사가 쓴 햄스터 행복·건강 교과서. 습성, 건강관리, 건강식단 등 햄스터 돌보기 완벽 가이드.

토끼
토끼를 건강하고 행복하게 오래 키울 수 있도록 돕는 육 아 지침서. 습성·식단·행동·감정·놀이·질병 등 모 든 것을 담았다.

사향고양이의 눈물을 마시다

초판 1쇄 2016년 11월 30일
초판 5쇄 2022년 5월 5일

글   이형주
편 집 김보경

디자인 나디하 스튜디오(khj9490@naver.com)
교 정 김수미

인 쇄 정원문화인쇄

펴낸이 김보경
펴낸곳 책공장더불어

책공장더불어

주   소 서울시 종로구 혜화동 5-23
대표전화 (02)766-8406
팩   스 (02)766-8407
이메일 animalbook@naver.com
홈페이지 http://blog.naver.com/animalbook
출판등록 2004년 8월 26일 제300-2004-143호

ISBN 978-89-97137-23-7 03300

한국출판문화산업진흥원 2016년 우수출판콘텐츠 제작 지원 사업 선정작입니다.